ihablo Spanish
¿Cómo se dice? 2

A Spanish Study Guide

- A flash quiz begins every lesson
- Each lesson is fully defined and demonstrated by examples
- Color word art to help you visually imprint Spanish
- Lessons to keep you in Spanish for 4 months, *1 lesson a day...*

Spanish, 1 Lesson a Day...

D Kirk Boswell

Copyright & Trademark

Title: i*hablo* Spanish *¿Cómo se dice?* 2

Author: D Kirk Boswell

Publisher: i*hablo*

Copyright © 2020 by D Kirk Boswell

ALL RIGHTS RESERVED: This book contains material protected under International and Federal Copyright Laws, including the United States Copyright Act of 1976, and Treaties. Any unauthorized reprint or use of this material is prohibited. No part of this book may be reproduced or transmitted in any form or by any means, electronic or mechanical, including photocopying, recording, or by any information storage or retrieval system without express written permission from the author/publisher.

TODOS LOS DERECHOS RESERVADOS: Esta publicación no puede ser reproducida, ni en todo ni en parte, ni registrada en, o transmitida por, un sistema de recuperación de información, en ninguna forma ni por ningún medio, sea mecánico, fotoquímico, electrónico, magnético, electroóptico, por fotocopia, o cualquier otro, sin el permiso previo por escrito del autor/la editorial.

Trademarks: i*hablo*, the i*hablo* logo, i*hablo* Spanish, *¿Cómo se dice?*, *¿Cómo se dice?* Quiz, Spanish, *1 Lesson a Day*…, OJO, ihablo.com, and related trade dress, are trademarks or registered trademarks of D Kirk Boswell and/or his affiliates in the United States or other countries and may not be used without written permission. All other trademarks are the property of their respective owners.

ISBN: 978-0-9986418-2-9

First Edition: September 2020

www.ihablo.com

Introduction to ¿Cómo se dice?

 There are many ways to learn Spanish, and one sure way to lose it. **If you don't use it!** Don't do it! Instead, hold on to your hard-earned Spanish and learn more by taking the *¿Cómo se dice?* **Quiz** and studying **Spanish,** *1 lesson a day…*

Regular contact is essential to learn, keep and improve your Spanish. Easy to say; not so easy to do. So, what can you do to hold on to the Spanish you just learned in Buenos Aires? How might you reconnect with that semester of Spanish you took way back when? Or, "I'm heading to Cozumel in a few months and need a refresher. Help!"

Enter the lessons of *¿Cómo se dice?*, Spanish for *How does one say?* Designed to put you in **daily contact** with Spanish, each volume of *¿Cómo se dice?* offers a select group of **122 new lessons**, enough to keep you in Spanish for **4 months, 1 lesson a day**, with a **quiz**.

Each lesson begins by asking how to say an **English** word, expression or phrase in **Spanish**. Like a **flash quiz**, this simple format gives you the opportunity to solve the lesson in **Spanish** before you proceed to read the lesson. It does not matter that you answer correctly, but rather that you engage in this exercise. Thinking about how to say something in Spanish is much more effective as a learning tool than simply being told how to say something. And, when you solve part or all of a daily quiz, you get to see your own Spanish in action.

The skill level of *¿Cómo se dice?* ranges from entry level to intermediate, to a bit of advanced. Following the quiz, each lesson is broken into its component parts, which are defined and demonstrated by examples. Lesson topics range from simple vocabulary, to a rule of grammar, to the finer points of Spanish. This variety is meant to engage you and give you the knowledge and tools you need to take your Spanish to the next level.

Spanish should never be harder to learn than it has to be. *¿Cómo se dice?* will always strive to show you how English and Spanish are the **same**, as well as **different**, so that you can leverage your own knowledge of English into a knowledge of Spanish. For example, the English noun **transportation** goes Spanish as **transportación, reservation** means **reservación, education** becomes **educación**, and so on. Knowing just this one link between English and Spanish is your key to over a thousand words in Spanish, without **memorization** → **memorización!** There is even a group of English nouns that go Spanish simply by tacking on the letter **a**: **pianist** → **pianista**; **dentist** → **dentista**; **artist** → **artista**; **fatalist** → **fatalista**; and more. Knowing this connection, *¿Cómo se dice?/How does one say?* **nudist** in Spanish? **¡Nudista!**

Please take a few minutes now to read the following **Tips for Working with *¿Cómo se dice?***, and then continue on to your first lesson and quiz. While there are never enough hours in the day, you can always make a few minutes just for yourself. Own those minutes by taking the *¿Cómo se dice?* Quiz™ and studying **Spanish,** *1 lesson a day…*™

Welcome/Bienvenido to ihablo® Spanish™ *¿Cómo se dice?*™, Spanish, *1 Lesson a Day…*™

Tips for Working with *¿Cómo se dice?*

While taking Spanish classes in Latin America, *¿Cómo se dice?* began as a personal exercise to learn and better understand Spanish (which was often taught in Spanish). This task required picking a new topic each day and writing a concise Spanish lesson in **English**. The rules were and still are: **1)** No lesson may exceed one typewritten page; **2)** The topic may range from a single word to... (anything that fits on one page); **3)** Each lesson must stand on its own (without requiring extensive knowledge of any other lesson); and **4)** Definitions and explanations must be in English.

What began as a personal homework assignment is now this book. Each volume of *ihablo*® Spanish is a colorful collection of **122 new lessons** styled *¿Cómo se dice?*, Spanish for *How does one say?* Lesson topics vary from a single word to an expression to a short sentence in Spanish, which is defined and demonstrated by examples.

The skill level of *¿Cómo se dice?* ranges from entry level to intermediate, with a touch of advanced. Don't let any one lesson hold you back due to difficulty; rather, take from each *¿Cómo se dice?* what you can (there is always something, even if just a new word) and continue on to the next lesson. Regular exposure to Spanish is more important than total comprehension.

Each *¿Cómo se dice?* is also a **quiz!** The **first line** of each lesson asks how to say an **English** word, expression or phrase in **Spanish**. Like a **flash quiz**, you then have the chance to solve the lesson in **Spanish** before proceeding to the answer in Spanish. It does not matter that you answer correctly, but rather that you engage in this exercise.

Following the quiz, each lesson is broken down into its component parts, which are defined and identified as a noun, pronoun, verb, adjective, adverb and so on. This detail accomplishes several things: **1)** You don't have to constantly look up words; **2)** A working knowledge of the building blocks of Spanish and English (noun, pronoun, verb, etcetera) will help you a great deal when constructing your own sentences in Spanish; **3)** As each lesson is essentially complete, you may vary the lesson order as you wish; and **4)** Because definitions are included in every lesson, there is a natural repetition to help you internalize and remember vocabulary. At the same time, as you become more proficient in Spanish, you may skim the lesson details you already know.

¿Cómo se dice? always targets your English brain as a learning resource. For example, English words ending in al are often the same (or nearly so) as their Spanish counterparts, such as **normal, formal, informal**, and **sensual, sexual**, as well as **literal, liberal** and **original**. Whenever possible, *¿Cómo se dice?* will show you such connections so that you can leverage your own knowledge of English into a knowledge of Spanish. Be on the lookout for these lessons which are identified in *¿Cómo se dice?* as **vocabulary builders**.

Differences between English and Spanish are also called to your attention. For instance, the English consonant h almost always has a **sound**, the familiar h **sound** you know in the English **hello**. The Spanish h, however, is always silent. Knowing this simple difference will help you remember that the Spanish h in hola has no sound at all.

The translation of each lesson from **Spanish → English** will always show the literal meaning of the Spanish word or phrase in English. When necessary, a more natural translation to English will follow. For example, Spanish describes the location of one thing alongside another as **al lado de**, literally **to the side of**, while English usually describes this as **next to**. Such differences between the literal translation to English and more commonly used English will be underlined as below.

¿Cómo se dice **the bank is next to the school** en español?

El banco está al lado de la escuela → The bank is to the side of the school/The bank is next to the school.

While **al lado de/to the side of** is a perfectly good way to express **next to**, **al lado de** does not mean **next to**. Knowing this will allow you to use **lado/side** in other contexts: **Vivo en este lado de la calle → I live on this side of the street**.

The <u>imperative</u> and <u>subjunctive</u> moods of Spanish are often left to advanced courses. The problem with this approach is that the imperative and subjunctive are **commonly** used in Spanish, from **basic** Spanish on up. Accordingly, these moods are included in ¿*Cómo se dice?*, and their peculiar verb conjugations are identified as imperative or subjunctive.

There are a few abbreviations in ¿*Cómo se dice?*: **adj**/adjective; **adv**/adverb; **prep**/preposition; **conj**/conjunction; **pron**/pronoun; **masc**/masculine; and **fem**/feminine.

Spanish has the singular **usted, tú** and **vos**, and the plural **ustedes**, which are gender-neutral in form (the familiar plural **vosotros/as** used in Spain is not generally covered here). The English **you** works for both the singular and the plural, and is also gender-neutral in form. For clarity, the singular **usted, tú** and **vos** translate here as **you**, and the plural **ustedes** translates as **y'all**, short for **you all** (avoiding the masculine **you guys**).

La Perla means **The Pearl**. When appearing in ¿*Cómo se dice?*, **La Perla** highlights a notable feature of a lesson.

Important points are called to your attention by **¡OJO!**

¡OJO! = OJO = **¡Atención!/Attention!**

¡OJO! The **Table of Contents** of ¿*Cómo se dice?* shows at a glance the English ←→ Spanish equivalents of all the lessons, a great way to test your knowledge of Spanish, as well as to pick and choose between lessons of interest.

As a fellow Spanish student, one who is still learning Spanish, it must be said that Spanish can be quite frustrating. Frustration, in turn, is probably the greatest obstacle to sticking with Spanish. Accordingly, if you remember just one thing, remember to set the bar low and enjoy every single delight that comes your way, no matter how small, and then continue on to the next ¿*Cómo se dice?* lesson.

Welcome/Bienvenido to i*hablo*® Spanish™ ¿*Cómo se dice?*™, Spanish, *1 Lesson a Day...*™

A Note on Immersion Classes: When you venture to a Spanish speaking country, you will often find that classes are offered as an immersion experience (meaning Spanish taught in Spanish). If you are relatively new to Spanish, you may instead want to choose English instruction to help you better understand and learn Spanish. When you progress to a basic ability to speak and understand spoken Spanish, you can then try your hand at learning Spanish-in-Spanish. Immersion is not where you want to start, but rather where you want to end up!

A Little Background and Thank You

Hurricane Katrina bumped me from my home in New Orleans, Louisiana sending me to Fort Lauderdale, Florida where I began my Spanish affair with the superb courses of Fluenz (www.fluenz.com). Seeking a Spanish-speaking locale to get closer to Spanish, I headed to Panama City, Panama where I took my first live classes. Then, I took the plunge way down south for more extensive course work in Buenos Aires, Argentina. The i**hablo**® mark was conceived in Buenos Aires, and i**hablo Spanish** *¿Cómo se dice?* **1** was written in la Capital Federal. And now, from Barcelona, Spain, i**hablo**® **Spanish** is pleased to announce the release of i**hablo Spanish** *¿Cómo se dice?* **2**.

Better known as simply *¿Cómo se dice?*, this second volume took several years to complete. Along the way, many contributed, from my Spanish professors, to my fellow students and friends, to my ever-faithful group who signed up to receive a weekly lesson by email for review and comment. To all my sincerest thanks.

I also send an enormous thank you to mi querida argentina, Carina, for her incredible support and encouragement, and for generously sharing her vast knowledge of Spanish (and English) all along the way. A very special thanks is also due to yet one other argentino, Maximiliano, for helping me unravel the mysteries of Spanish with patience, insight and lots of good humor.

I decided early on that I wanted a book with a splash of color to lessen the drudge of learning in black and white, and to offer a visual component to help one imprint and internalize Spanish. To do this, I first had to search for the hidden artist within (some would say still hidden), where I discovered perhaps a small talent for el arte primitivo. Enjoy the word art which appears throughout *¿Cómo se dice?* **2**. Please be kind!

Muchísimas gracias a todos,

Barcelona, España, September 2020,

Kirk

Table of Contents

Introduction to *¿Cómo se dice?* i
Tips for Working with *¿Cómo se dice?* ii
A Little Background and Thank You iv
Table of Contents v
The Lessons 1
   ¿Cómo se dice **how does one say?** en español? 1
      ¿Cómo se dice? 1
   ¿Cómo se dice **I speak Spanish** en español? 2
      Hablo español 2
   ¿Cómo se dice **what is this?** en español? 3
      ¿Qué es esto? 3
   ¿Cómo se dice **vowels and consonants** en español? 4
      Vocales y consonantes 4
   ¿Cómo se dice **lyrics** en español? 5
      Letra 5
   ¿Cómo se dice **darling, can you walk the dog?** en español? 6
      Cariño, ¿puedes pasear al perro? 6
   ¿Cómo se dice **something like this** en español? 7
      Algo así 7
   ¿Cómo se dice **even like this it is better than nothing** en español? 8
      Aun así es mejor que nada 8
   ¿Cómo se dice **so** en español? 9
      Así que 9
   ¿Cómo se dice **salary and balance** en español? 10
      Sueldo y saldo 10
   ¿Cómo se dice **I await you tomorrow** en español? 11
      Te espero mañana 11
   ¿Cómo se dice **I will wait for you** en español? 12
      Te esperaré 12
   ¿Cómo se dice **I am going to wait for you** en español? 13
      Voy a esperarte 13
   ¿Cómo se dice **me neither** en español? 14
      Yo tampoco 14

¿Cómo se dice **he is a pianist** en español? 15
    Él es pianista 15

¿Cómo se dice **right here** en español? 16
    Acá mismo 16

¿Cómo se dice **the train arrived on time** en español? 17
    El tren llegó a tiempo 17

¿Cómo se dice **it is now or never** en español? 18
    Es ahora o nunca 18

¿Cómo se dice **I meet with Alexander today** en español? 19
    Me encuentro con Alejandro hoy 19

¿Cómo se dice **see you** en español? 20
    Nos vemos 20

¿Cómo se dice **I met Francis last night** en español? 21
    Conocí a Francisco anoche 21

¿Cómo se dice **we live under the same roof** en español? 22
    Vivimos bajo el mismo techo 22

¿Cómo se dice **capital letter** en español? 23
    Mayúscula 23

¿Cómo se dice **I missed the flight** en español? 24
    Perdí el vuelo 24

¿Cómo se dice **I was twenty-nine years old** en español? 25
    Tenía veintinueve años 25

¿Cómo se dice **a scary ghost** en español? 26
    Un fantasma espantoso 26

¿Cómo se dice **kiss me a lot** en español? 27
    Bésame mucho 27

¿Cómo se dice **to give birth** en español? 28
    Dar a luz 28

¿Cómo se dice **when you can, call me** en español? 29
    Cuando puedas, llámame 29

¿Cómo se dice **social network** en español? 30
    Red social 30

¿Cómo se dice **beer** en español? 31
    Cerveza 31

¿Cómo se dice **traffic light** en español? 32
    Semáforo 32

¿Cómo se dice **I have a hole in my pocket** en español?... 33
    Tengo un agujero en el bolsillo 33
¿Cómo se dice **it is impressive** en español?... 34
    Es impresionante 34
¿Cómo se dice **equivalents** en español?.. 35
    Equivalentes 35
¿Cómo se dice **I will sell it** en español?... 36
    Lo venderé 36
¿Cómo se dice **I arrived two hours ago** en español?... 37
    Llegué hace dos horas 37
¿Cómo se dice **whatever** en español?... 38
    Lo que sea 38
¿Cómo se dice **the sun rises at seven** en español?... 39
    El sol sale a las siete 39
¿Cómo se dice **the sun sets at eight** en español?... 40
    El sol se pone a las ocho 40
¿Cómo se dice **it is not your fault** en español?... 41
    No es tu culpa 41
¿Cómo se dice **what a surprise!** en español?.. 42
    ¡Qué sorpresa! 42
¿Cómo se dice **how does one spell Spain?** en español?... 43
    ¿Cómo se escribe España? 43
¿Cómo se dice **what is it?** en español?... 44
    ¿Qué es? 44
¿Cómo se dice **grapefruit juice** en español?... 45
    Jugo *de* **pomelo**.. 45
¿Cómo se dice **what is that?** en español?... 46
    ¿Qué es eso? 46
¿Cómo se dice **I do not believe that** en español?... 47
    Yo no creo eso 47
¿Cómo se dice **what are you doing this weekend?** en español?... 48
    ¿Qué haces este finde? 48
¿Cómo se dice **I want what you want** en español?.. 49
    Quiero lo que quieres 49
¿Cómo se dice **the red shirt is the one that I want** en español?.. 50
    La camisa roja es la que quiero 50

¿Cómo se dice **I am pleased to see you** en español? 51
    Me alegro de verte 51
¿Cómo se dice **do you think it is a good idea?** en español? 52
    ¿Piensas que es una buena idea? 52
¿Cómo se dice **how do I get there?** en español? 53
    ¿Cómo llego? 53
¿Cómo se dice **I live on the ground floor** en español? 54
    Vivo en la planta baja 54
¿Cómo se dice **I hear voices** en español? 55
    Oigo voces 55
¿Cómo se dice **behave yourself** en español? 56
    Portate bien 56
¿Cómo se dice **now that** en español? 57
    Ya que 57
¿Cómo se dice **in a while** en español? 58
    En un rato 58
¿Cómo se dice **it is important that you be here** en español? 59
    Es importante que estés aquí 59
¿Cómo se dice **cafeteria** en español? 60
    Cafetería 60
¿Cómo se dice **I like Diego** en español? 61
    Me cae bien Diego 61
¿Cómo se dice **to the moon** en español? 62
    A la luna 62
¿Cómo se dice **the bottom of the screen** en español? 63
    La parte inferior de la pantalla 63
¿Cómo se dice **sandwich** en español? 64
    Sándwich 64
¿Cómo se dice **I move to a new house tomorrow** en español? 65
    Me mudo a una casa nueva mañana 65
¿Cómo se dice **he came with wine** en español? 66
    Vino con vino 66
¿Cómo se dice **I could not call you earlier** en español? 67
    No pude llamarte antes 67
¿Cómo se dice **it embarrasses me** en español? 68
    Me da vergüenza 68

¿Cómo se dice **it is perfect** en español? 69
   Es perfecto 69
¿Cómo se dice **I never meant to say that** en español? 70
   Nunca quise decir eso 70
¿Cómo se dice **have a good trip** en español? 71
   Que tengas un buen viaje 71
¿Cómo se dice **it is not worth it** en español? 72
   No vale la pena 72
¿Cómo se dice **the winter of our discontent** en español? 73
   El invierno de nuestro descontento 73
¿Cómo se dice **I loved the end of the movie** en español? 74
   Me encantó el final de la película 74
¿Cómo se dice **I am very intelligent** en español? 75
   Soy muy inteligente 75
¿Cómo se dice **I am busy** en español? 76
   Estoy ocupado 76
¿Cómo se dice **turn on the lights, please** en español? 77
   Enciende las luces, por favor 77
¿Cómo se dice **turn off the lights, please** en español? 78
   Apaga las luces, por favor 78
¿Cómo se dice **indigenous/native** en español? 79
   Indígena 79
¿Cómo se dice **I will stop by your house later** en español? 80
   Pasaré por tu casa más tarde 80
¿Cómo se dice **I read the report and filled out the form** en español? 81
   Leí el informe y llené el formulario 81
¿Cómo se dice **I am going to lunch with my classmates** en español? 82
   Voy a almorzar con mis compañeros de clase 82
¿Cómo se dice **baggage** en español? 83
   Equipaje 83
¿Cómo se dice **I do not remember** en español? 84
   No recuerdo 84
¿Cómo se dice **I want to try that dessert** en español? 85
   Quiero probar ese postre 85
¿Cómo se dice **I want to try on the white shirt** en español? 86
   Quiero probarme la camisa blanca 86

¿Cómo se dice **I need to check my email** en español?...............87
    Necesito revisar el email...............87

¿Cómo se dice **can I ask you a question?** en español?...............88
    ¿Puedo hacerte una pregunta?...............88

¿Cómo se dice **two monks were rescued by firefighters** en español?...............89
    Dos monjes fueron rescatados por bomberas...............89

¿Cómo se dice **she patiently awaits her son** en español?...............90
    Ella espera pacientemente a su hijo...............90

¿Cómo se dice **what do you do?** en español?...............91
    ¿A qué se dedica?...............91

¿Cómo se dice **it is a question of honor** en español?...............92
    Es una cuestión de honor...............92

¿Cómo se dice **until later** en español?...............93
    Hasta luego...............93

¿Cómo se dice **I am arriving on Wednesday** en español?...............94
    Llego el miércoles...............94

¿Cómo se dice **I am going home** en español?...............95
    Voy a casa...............95

¿Cómo se dice **at what time do you arrive?** en español?...............96
    ¿A qué hora llegas?...............96

¿Cómo se dice **he is very nice** en español?...............97
    Él es muy simpático...............97

¿Cómo se dice **I am taking an umbrella just in case** en español?...............98
    Llevo un paraguas por las dudas...............98

¿Cómo se dice **which or what?** en español?...............99
    ¿Cuál o qué?...............99

¿Cómo se dice **I like ice cream** en español?...............100
    Me gusta el helado...............100

¿Cómo se dice **I love apples** en español?...............101
    Me encantan las manzanas...............101

¿Cómo se dice **I have a headache** en español?...............102
    Me duele la cabeza...............102

¿Cómo se dice **it appears fine to me** en español?...............103
    Me parece bien...............103

¿Cómo se dice **it is not important to me** en español?...............104
    No me importa...............104

¿Cómo se dice **station** en español? 105
    Estación 105

¿Cómo se dice **he is so stubborn** en español? 106
    Él es tan terco 106

¿Cómo se dice **what is the personal a?** en español? 107
    ¿Qué es la a personal? 107

¿Cómo se dice **this coming week** en español? 108
    La semana que viene 108

¿Cómo se dice **can I bring something?** en español? 109
    ¿Puedo llevar algo? 109

¿Cómo se dice **he is a simple man** en español? 110
    Él es un hombre sencillo 110

¿Cómo se dice **I just finished eating** en español? 111
    Acabo de comer 111

¿Cómo se dice **rotisserie chicken** en español? 112
    Pollo al spiedo 112

¿Cómo se dice **I am on vacation** en español? 113
    Estoy de vacaciones 113

¿Cómo se dice **I am grateful** en español? 114
    Estoy agradecido 114

¿Cómo se dice **I know New Orleans well** en español? 115
    Conozco bien Nueva Orleáns 115

¿Cómo se dice **can you speak more slowly?** en español? 116
    ¿Puedes hablar más despacio? 116

¿Cómo se dice **don't worry** en español? 117
    No te preocupes 117

¿Cómo se dice **there is a mouse in the corner** en español? 118
    Hay un ratón en el rincón 118

¿Cómo se dice **failure** en español? 119
    Fracaso 119

¿Cómo se dice **skyscraper** en español? 120
    Rascacielos 120

¿Cómo se dice **I want the bacon crispy** en español? 121
    Quiero el tocino crocante 121

¿Cómo se dice **it does not make lack** en español? 122
    No hace falta 122

¿Cómo se dice **how much longer?** en español? 123
    ¿Cuánto falta? 123
¿Cómo se dice **as you well know, I love you** en español? 124
    Como bien sabes, te amo 124
¿Cómo se dice **thanks for coming** en español? 125
    Gracias por venir 125
Appendix – Verb Conjugation Tables 126
    Hablo: ¿Cómo se dice **I speak** en español? 126
    Como: ¿Cómo se dice **I eat** en español? 127
    Vivo: ¿Cómo se dice **I live** en español? 128
Index 129

The Lessons

¿Cómo se dice how does one say? en español?

La Perla: **¿Cómo se dice?**, literally **How does it say itself?**, goes best to English **How does one say?** or **How do you say?**

¿Cómo se dice?: **Cómo** (interrogative adv) means **how**. **Se dice/It says itself** is the present tense **él-ella-ello/it** conjugation of the reflexive verb **decirse/to say itself-to tell itself**. Whatever **it** may be, **él/ella/ello** are usually left unsaid in Spanish. **Se dice** is a reflexive construction known as the impersonal se.

¡OJO! Rather than **How does it say itself?**, in impersonal English one asks **How does one say?** or **How do you say?**

¡OJO! As a rule in *¿Cómo se dice?*, changes in translation from Spanish to English are **underlined** as below.

All together: **¿Cómo se dice?** → **How does it say itself?/How does one say?-How do you say?**

You may ask this question a bit differently depending on whom you ask. When asking someone who speaks little or no English, you may have to just point and ask **¿Cómo se dice en español?**, or simply **¿Cómo se dice?** With your Spanish professor, however, you might ask **¿Cómo se dice coffee en español?**

Examples/Ejemplos:

¿Cómo se dice coffee en español?	Se dice café (noun/masc)/One says café.
¿Cómo se dice tea en español?	Se dice té (noun/masc).
¿Cómo se dice milk en español?	Se dice leche (noun/fem).
¿Cómo se dice sugar en español?	Se dice acúcar (noun/masc-fem).
¿Cómo se dice crema en inglés (noun/fem)?	Se dice cream.
¿Cómo se dice limón en inglés (noun/masc)?	Se dice lemon/lime.

¿Cómo se dice I speak Spanish en español?

La Perla: The names of languages are generally <u>not</u> capitalized in **español** (except at the beginning of a sentence), yet <u>always</u> capitalized in **English**: **español** → **Spanish**; **portugués** → **Portuguese**; **francés** → **French**; **italiano** → **Italian**; **inglés** → **English**; **alemán** → **German**; and so on.

Hablo español:
Hablo is the present tense **yo/I** conjugation of the verb **hablar/to speak-to talk**. Because the conjugation **hablo** is unique to **yo**, **yo** is commonly left unsaid in Spanish. By comparison, **I** is always stated in English. **Español** (noun/masc), here representing the language, means **Spanish**.

All together: **Hablo español** → **I speak Spanish**.

¡OJO! **Español** is also known as **castellano** (noun/masc)/**Castilian**, from the dialect of el **Reino de Castilla**/the **Kingdom of Castile**. **Castellano** is the prevalent version of **Spanish** introduced into the Americas, as well as the official national language of Spain. **Hablo castellano** → **I speak Castilian/I speak Spanish**.

Related Vocabulary:

When representing a person, un **español** (noun/masc) and una **española** (noun/fem) mean a **Spaniard**. Él es un **español**/He is a **Spaniard**. Ella es una **española**/She is a **Spaniard**.

When describing a person, **español** (adj/masc) and **española** (adj/fem) mean **Spanish**. Él es **español**/He is **Spanish**. Ella es **española**/She is **Spanish**.

When describing the **language, español/a** (adj) may be used as: el **lenguaje español**/the **Spanish language**; el **idioma español**/the **Spanish idiom** (idiom is a synonym for **language**); or la **lengua española**/the **Spanish tongue**.

España (noun/fem), which is <u>always</u> capitalized, means **Spain**. El **país**/The **country** of **España** is properly known as el **Reino de España**/the **Kingdom of Spain**. La capital de **España** es Madrid/The capital of **Spain** is Madrid.

¿Cómo se dice **what is this?** en español?

¿Qué es esto?: **Qué** (interrogative pron/invariable) means **what**. **Es** is the singular present tense **qué/what** conjugation of the verb **ser/to be**. **Esto** (demonstrative pron/neutral) means **this**.

All together: ¿Qué es esto? → What is this?

¡OJO! This question is asked with the gender <u>neutral</u> **esto** because it is not yet known what **this** is (thus the reason to ask the question). If **this** turns out to be a specific <u>noun</u> (nouns have <u>gender</u> in Spanish), then **esto** will be replaced by the masculine **este/this** or the feminine **esta/this**.

Un **ojo** (noun/masc) is an **eye**, and **¡OJO!** is used throughout *¿Cómo se dice?* to call your **¡Atención!/Attention!** to important points.

¡OJO! = 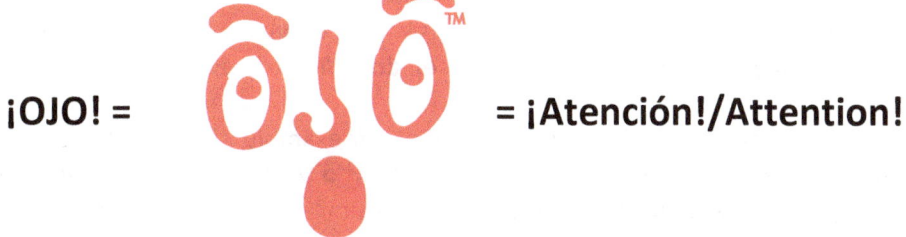 = ¡Atención!/Attention!

Examples/Ejemplos:

¿Qué es esto? **Esta** es una **ceja**/**This** is an **eyebrow**.
¿Qué es esto? **Este** es un **ojo**/**This** is an **eye**.
¿Qué es esto? **Esta** es una **pupila**/**This** is a **pupil**.
¿Qué es esto? **Este** es un **párpado*****/**This** is an **eyelid**.
¿Qué es esto? **Esta** es una **pestaña******/**This** is an **eyelash**.
¿Qué es esto? **Esta** es una **nariz**/**This** is a **nose**.
¿Qué es esto? **Esta** es una **boca**/**This** is a **mouth**.

* The verb **parpadear** means **to blink**.
** Una **pestaña** is also a **tab**, as in a **tab** of a computer browser.

¿Cómo se dice **vowels and consonants** en español?

La Perla: The Spanish **alfabeto** has one more letter than the English **alphabet**, la **ñ**.

Vocales y consonantes:
Una **vocal** (noun/fem) is a **vowel**. Una **consonante** (noun/fem) is a **consonant**. Las **vocales** y las **consonantes** make up las **letras** (noun/fem)/the **letters** of el **alfabeto** (noun/masc)/the **alphabet**. Un **abecedario** (noun/masc) is also an **alphabet**. The individual **letras** of the Spanish **alfabeto/abecedario** are all <u>feminine</u> nouns, la **a**, la **b**, la **c**, la **d**, and so on.

There are five **vocales** in the Spanish **alfabeto**: **a - e - i - o - u**. Each **vocal** has just <u>one</u> sound, which is different from the sound of the other **vocales**.

Las **consonantes** of the Spanish **alfabeto** are: **b - c - d - f - g - h - j - k - l - m - n - ñ - p - q - r - s - t - v - w - x - y - z**. Compared to the English **alphabet**, there is one additional **consonante**, la **ñ**. La **ñ** is pronounced with a nasal tone as **enye**. Note that the Spanish **consonante y** often sounds like una **vocal**, as in **muy** (adv)/**very**, as well as the first person (**yo/I**) present tense conjugations **estoy** (estar/to be), **soy** (ser/to be), **doy** (dar/to give) and **voy** (ir/to go).

The Spanish **ñ** sometimes corresponds to the Latin double **nn**. For example, the Latin **per annum** goes Spanish as **por año**. The abbreviation **A.D.**, from the Latin **Anno Domini**, is known in Spanish as el **año del Señor**/the **year of the Lord**. The sound of **señor** is similar to the English **senior**, the Portuguese **senhor**, the Catalan **senyor** and the Italian **signore**. The **ñ** sound is also heard in the English nouns **onion** and **canyon**, where **canyon** has its origin in the Spanish **cañón** (noun/masc).

¿Cómo se dice **lyrics** en español?

La Perla: The Spanish **letra** means both a **letter** of the alphabet and the **lyrics** of a song.

Letra: Una **letra** (noun/fem) is a **letter**, as in una **letra** of el **alfabeto** (noun/masc)/the **alphabet**. **Letra** also means **lyrics**, as in la **letra**/the **lyrics** of a song. Un **himno** (noun/masc), literally a **hymn**, may also translate as **anthem**. Join **himno** with **nacional** (adj)/**national** and you have un **himno nacional**/a **national anthem**. Below is a short list of los **himnos nacionales** (with images of las **banderas** (noun/fem)/the **flags**) of los Estados Unidos de América, Canadá, Gran Bretaña, Australia, Irlanda and Argentina.

Star-Spangled Banner: La **letra** del himno nacional de los Estados Unidos de América fue escrita por Francis Scott Key. The **lyrics** of the national anthem of the United States of America were written by Francis Scott Key.

Ô/O Canada: La **letra** original (en francés) del himno nacional de Canadá fue escrita por Sir Adolphe-Basile Routhier. The original **lyrics** (in French) of the national anthem of Canada were written by Sir Adolphe-Basile Routhier.

God Save the King/Queen: Los orígenes de la **letra** del himno nacional de Gran Bretaña son oscuros. The origins of the **lyrics** of the national anthem of Great Britain are obscure.

Advance Australia Fair: La **letra** del himno nacional de Australia fue escrita por Peter Dodds McCormick. El himno no oficial de Australia es "Waltzing matilda." The **lyrics** of the national anthem of Australia were written by Peter Dodds McCormick. The unofficial anthem of Australia is "Waltzing Matilda."

Amhrán na bhFiann/A Soldier's Song: La **letra** del himno nacional de Irlanda fue escrita por Peadar Kearney. The **lyrics** of the national anthem of Ireland were written by Peadar Kearney.

Himno Nacional Argentino: La **letra** del himno nacional de Argentina fue escrita por Vicente López y Planes. The **lyrics** of the national anthem of Argentina were written by Vicente Lopez y Planes.

¿Cómo se dice **darling, can you walk the dog?** en español?

La Perla: The endearment **cariño** remains the same without regard to gender. Whether referring to your wife, husband, girlfriend, boyfriend, daughter or son, **cariño** is **cariño**.

Cariño, ¿puedes pasear al perro?
Cariño (noun/masc) is a term of endearment meaning **love, darling, honey** or **sweetheart**. **Puedes** is the **tú/you** present tense conjugation of the verb **poder/to be able to**. **Puedes/You are able to** often translates to English as **you can**. **Pasear** here means **to walk**, as in **to walk the dog**. **Al** is the contraction of the **personal a** + **el** (definite article/masc)/**the**. **Perro** (noun/masc) means **dog**.

¡OJO! In Spanish, a **personal a** must come before a <u>direct object</u> which represents a <u>specific person</u>. That <u>specific person</u> can include one's pet when <u>personified</u>. The **personal a** does not exist in English.

All together: **Cariño, ¿puedes pasear al perro?** → **Darling, can you walk the dog?**

If your **dog** is female: **Cariño, ¿puedes pasear a la perra?** → **Darling, can you walk the dog?**

¡OJO! Cariño may also means **affection, care** or **loving care**. **Cariñoso/a** (adj) means **affectionate** or **loving**.

Examples/Ejemplos:

Cariño, pásame la sal, por favor (tú).* **Darling**, pass me the salt, please.
Cariño, pasame la sal, por favor (vos).* **Darling**, pass me the salt, please.
Cariño, páseme la sal, por favor (usted).* **Darling**, pass me the salt, please.
Cariño, hablamos mañana. **Sweetheart**, we will talk tomorrow.
Cariño, estoy en casa. **Honey**, I'm home.
Siempre recuerdo a mi abuela con gran **cariño**.** I always remember my grandmother with great **affection**.
Mi perra es muy **cariñosa**. My dog is very **affectionate**.

* Imperative conjugation of the verb **pasar/to pass**.
** **Grande** (adj)/**Big-Large** shortens to **gran** before singular nouns (masculine or feminine). **Gran**, in turn, often translates as **great**.

¿Cómo se dice **something like this** en español?

Algo así: Algo (pron) means **something**, and así (adj) means **like this** or **like that**.

All together: **Algo así** → **Something like this/Something like that**

¡OJO! Once you know **algo así**, you should also know **¿Algo más** (adj)?/**Something more?** For example, after giving your order at Starbucks® in Latinoamérica, or when you finish dinner and your waiter stops by, what do you say when asked **¿Algo más?** → **Something more?** A few choices: **Sí, un postre por favor** → **Yes, a dessert please**, or **No, nada más, gracias** → **No, nothing more, thanks** or simply **No, gracias** → **No, thanks**.

¡OJO! In place of **¿Algo más?**, you may also be asked **¿Qué más** (adj)?/**What more?** A few responses: **Una hamburguesa con queso, por favor** → **A cheeseburger, please**, or **Nada más, gracias** → **Nothing more, thanks**.

¡OJO! Note that **así** is also an <u>adverb</u> meaning **like this/like that**, or **this way/that way**. Prefiero hacerlo **así** (adv) → I prefer to do it **like this**/I prefer to do it **like that**/I prefer to do it **this way**/I prefer to do it **that way**.

Examples/Ejemplos:

¿Es **algo así**? It is **something like this?**
Sí, es **algo así**. Yes, it is **something like that**.
¿Mateo se casó con Rebeca unicamente por su dinero? Matthew married Rebecca solely for her money?
Algo así. Something like that.
¿Quieres dejar tu trabajo y mudarte a Buenos Aires para tomar classes de español? You want to leave your job and move to Buenos Aires to take Spanish classes?
Algo así. Something like that.
Quiero un perro **así**. I want a dog **like this**.
Con vecinos **así**, ¿quién necesita enemigos? With neighbors **like that**, who needs enemies?
¿Algo más?/Something more? No, **nada más**/No, **nothing more**.
¿Qué más?/What more? **Nada más**, gracias/**Nothing more**, thanks.
No puedo hacerlo **así** (adv). I cannot do it **that way**.

¿Cómo se dice even like this it is better than nothing en español?

La Perla: **Aun así** means **even like this** or **even like that**, or **even this way** or **even that way**.

Aun así es mejor que nada: **Aun** (adv) means **even**. **Así** (adv) means **like this/like that** or **this way/that way**. **Es**, from the verb **ser/to be**, is the present tense conjugation for an unstated **él-ella-ello** (subject pron)/**it**. Whatever **it** may be, **él/ella/ello** are usually left unsaid in Spanish. **Mejor** (adj) means **better**. When used to compare, **que** (conj)/**that** means **than**. **Nada** (pron) means **nothing**.

¡OJO! **Aun así** is an <u>adverbial</u> <u>phrase</u> meaning **even like this/even like that/even this way/even that way**.

All together: **Aun así es mejor que nada** → **Even like this it is better than nothing/Even like that it is better than nothing/Even this way it is better than nothing/Even that way it is better than nothing**.

¡OJO! **Aun así** may also translate to English as **even so**. **Aun así** es mejor que nada → **Even so** it is better than nothing.

¡OJO! Now that you know **aun así**, you must also know the companion expression **incluso así**. The verb **incluir** means **to include**, and from **incluir** come **incluido/a** (adj)/**included**, **inclusivo/a** (adj)/**inclusive** and **incluso** (adv)/**including**.

All together: **Incluso así es mejor que nada** → **Including like this-like that it is better than nothing/Including this way-that way it is better than nothing/Even so it is better than nothing**.

¡OJO! **Aun** is just an accent away from **aún** (adv) meaning **still** or **yet**.* In English, **still** tends to come at the beginning of a sentence, while **yet** comes at the end. **Aún** no he pagado la cuenta → I **still** have not paid the bill. No he pagado la cuenta **aún** → I have not paid the bill **yet**.

Examples/Ejemplos:

Aun así es perfecto. **Even like this** it is perfect.
Aun así es perfecto. **Even like that** it is perfect.
Me encanta **aun así**. I love it **even this way**.
Me encanta **aun así**. I love it **even that way**.
Aun así me gusta. **Even so** I like it.
Incluso así me gusta. **Including like this** I like it.
Aún no he ido a España. I **still** have not gone to Spain.
No he ido a España **aún**. I have not gone to Spain **yet**.
Todavía no he ido a España. I **still** haven't gone to Spain.*
No he ido a España **todavía**. I haven't gone to Spain **yet**.*

* **Todavía** (adv), meaning **still** or **yet**, may be used interchangeably with **aún**.

¿Cómo se dice so en español?

La Perla: **Así que** often translates best to English as simply **so**.

Así que: **Así** (adv) means **like this/like that** or **this way/that way**. **Que** (conj) means **that**. **Así que** (conj), literally **like this that/like that that** or **this way that/that way that**, translates best to English as simply **so**.

All together: **Así que → Like this that/Like that that/This way that/That way that/S̲o̲**

¡OJO! **Así que** is a close relation to **por eso**. **Por** (prep) means **by reason of**, as well as just **for**. **Eso** (demonstrative pron/neutral) means **that**.

All together: **Por eso → By reason of that/For that**

¡OJO! **Así que** and **por eso** are often used to express a consequence. Es tarde, **así que** voy a casa/It is late, **so** I am going home. Es tarde, **por eso** voy a casa/It is late, **for that** I am going home.

¡OJO! You will see **así que** and **por eso** translated to English as **therefore**, and you will see **therefore** translated to Spanish as **por lo tanto**. To avoid the foregoing confusion, it may serve you best to internalize **así que** as just **so**, and **por eso** as simply **for that**.

Examples/Ejemplos:

Es tarde, **así que** no voy a salir. It is late, **so** I am not going out.
Es tarde, **por eso** no voy a salir. It is late, **for that** I am not going out.
Tengo que estudiar, **así que** me voy. I have to study, **so** I am leaving.
Tengo que estudiar, **por eso** me voy. I have to study, **for that** I am leaving.
Ella estaba cansada, **así que** se acostó. She was tired, **so** she lay down/went to bed.*
Ella estaba cansada, **por eso** se acostó. She was tired, **for that** she lay down/went to bed.*
Me gustan las películas, **así que** voy al cine a menudo. I like the movies, **so** I go to the cinema often.
Me gustan las películas, **por eso** voy al cine a menudo. I like the movies, **for that** I go to the cinema often.

* The reflexive verb **acostarse/to lie oneself down** also translates to English as **to go to bed**.

¿Cómo se dice **salary and balance** en español?

Sueldo y saldo: Sueldo (noun/masc) and **saldo** (noun/masc) come from the verb **saldar/to settle-to pay**.

Sueldo: Un **sueldo** is a **salary**, as well as a **wage** or **pay**.

Examples/Ejemplos:

Sueldo base = Base **salary**
Empleado a **sueldo** = Employee at **salary/Salaried** employee
Sueldo mínimo = Minimum **wage**
Sueldo neto = Net **salary/wage/pay**, also known as take-home **pay**
Sueldo atrasado = Back **salary/wages/pay**

Saldo: Un **saldo** is a **balance**, as in a **balance** of an account, or a **balance** due.

Examples/Ejemplos:

Saldo final = Final **balance**
Saldo positivo = Positive **balance**/Credit **balance**
Saldo negativo = Negative **balance**/Debit **balance**/Overdraft
Saldo vencido = **Balance** due
Saldo medio = Average **balance**

¿Cómo se dice I await you tomorrow en español?

La Perla: The Spanish present tense is often used to express the future. All you need is a future context, which may be understood or shown by a future time stamp such as **mañana/tomorrow**.

Te espero mañana: Te (direct object pron) means **you**. **Espero** is the present tense **yo/I** conjugation of the verb **esperar/to await-to wait**. **Esperar** is a multi-talented verb also meaning **to hope** and **to expect**. **Mañana** (adv) means **tomorrow**. El **mañana** (noun/masc) is the **tomorrow**. **Mañana** (adv) or **mañana** (noun/masc) may be used here.* La **mañana** (noun/fem), on the other hand, means the **morning**.

Spanish and English sometimes disagree whether a verb takes a preposition. The Spanish **esperar**, for example, has no need for a preposition. In English, however, it all depends on how **esperar** translates, whether as **to await**, which stands alone, or as **to wait**, which needs the preposition **for**.

¡OJO! Spanish is easy, just use the present tense for the future. If an English present tense verb is not capable of expressing the future (some verbs work, and some do not), then use the future tense itself by adding **will**.

All together: **Te espero mañana** → I **a**wait you tomorrow/I will wait for you tomorrow.

¡OJO! Keep in mind that the future tense is always an option in both Spanish and English: **Te esperaré mañana** → I will **a**wait you tomorrow/I will wait for you tomorrow.

Examples/Ejemplos:

¡OJO! As seen in the below examples, present tense Spanish may express the future. In English, if the present tense is not capable of expressing the future, then the future tense must be used by adding will.

Te **esperamos** esta **noche**. We **a**wait you **tonight**.
Te **esperamos** esta **noche**. We will wait for you **tonight**.
Te **llamo mañana**. I will call you **tomorrow**.
Nos **vemos pronto**. We will see each other **soon**.
Llego mañana. I arrive/am arriving **tomorrow**.
Me **gradúo** este **fin de semana**. I graduate/am graduating this **weekend**.
Te **espero** pasado **mañana**.** I **a**wait you the day after **tomorrow**.
Te **espero** pasado **mañana**.** I will wait for you the day after **tomorrow**.

* Because articles (**el/the** or **un/a**) are rarely seen with **mañana/tomorrow**, these nouns are not so easy to spot. A more obvious example: **Mañana es un día nuevo** → **Tomorrow** is a new day.
** The masculine adjective **pasado/past** identifies **mañana** as the masculine noun el **mañana**. The adverbial phrase **pasado mañana**, literally **past tomorrow**, translates best to English as **the day after tomorrow**.

¿Cómo se dice I will wait for you en español?

La Perla: In English, the future tense is expressed by adding will: **I will wait for you/I will await you**. In Spanish, the future tense is expressed by a unique verb conjugation: **Te esperaré**.

Te esperaré
Te (direct object pron) means **you**. **Esperaré** is the future tense **yo/I** conjugation of the verb **esperar/to wait-to await**. Esperar is a multi-talented verb also meaning **to hope** and **to expect**. Note that **to wait** needs the preposition **for**, whereas **to await** does not.

¡OJO! Te esperaré and I will wait for you/I will await you convey the future all by themselves, without the need for a future context or time stamp (such as **mañana/tomorrow**).

All together: **Te esperaré → I will wait for you/I will await you**.

Spanish Future Tense Conjugations/Regular Verbs: With regular Spanish verbs, standard future endings are tacked on directly to the verb infinitive: **Yo esperaré; Usted/Él/Ella/Ello esperará; Tú/Vos esperarás; Nosotros/as esperaremos;** and **Ustedes/Ellos/Ellas esperarán**.

It is a curious thing how some English verbs need a preposition, while others do not. The below examples show how **for** is needed with some English verbs, yet not with others. Whatever the case may be in English, the Spanish verbs **esperar, buscar** and **pedir** stand alone (without **for**).

Examples/Ejemplos - Future Tense:

Esperar/ To wait for-To await:	**Esperaré** el tren	→ I will wait for the train	→ I will await the train.
Buscar/ To look for-To seek:	**Buscaré** la verdad	→ I will look for the truth	→ I will seek the truth.
Pedir/ To ask for-To request:	**Pediré** la cuenta	→ I will ask for the bill	→ I will request the bill.

Examples/Ejemplos - Present Tense:

Esperar/ To wait for-To await:	**Espero** el tren	→ I wait for the train	→ I await the train.
Buscar/ To look for-To seek:	**Busco** la verdad	→ I look for the truth	→ I seek the truth.
Pedir/ To ask for-To request:	**Pido** la cuenta	→ I ask for the bill	→ I request the bill.

¿Cómo se dice I am going to wait for you en español?

La Perla: **Voy a esperarte** and **I am going to wait for you/I am going to await you** show how the verbs **ir** and **to go** may express the future (even though conjugated in the present tense).

Voy a esperarte: Voy is the yo/I present tense conjugation of the verb ir/to go. As a verb of motion, ir/to go is usually followed by a/to (prep). The verb esperar means to wait/to await. Esperar is a multi-talented verb also meaning to hope and to expect. Te (direct object pron) means you.

¡OJO! Present tense Spanish often translates to the English **ing** verb form, from **Voy/I go** to **I am going**.

All together: **Voy a esperarte** → **I am going to wait for you/I am going to await you**.

¡OJO! **Te** can also come before the conjugated verb **voy**: **Te voy a esperar** → **I am going to wait for you/I am going to await you**.

¡OJO! **Voy a esperarte** and **I am going to wait for you/I am going to await you** convey the future without more. A future time stamp (such as **mañana/tomorrow**) is optional.

Examples/Ejemplos:

Te **vamos a esperar**. We **are going to wait for** you.
Te **vamos a esperar**. We **are going to await** you.
Voy a cambiar el mundo. I **am going to change** the world.
Voy a llamarte. I **am going to call** you.
Voy a llamarte la semana próxima. I **am going to call** you next week.
¿**Vas a volver** a Buenos Aires? **Are** you **going to return** to Buenos Aires?
Ellos **van a almorzar** más tarde. They **are going to eat lunch** later.
Ella **va a estudiar** español en la primavera. She **is going to study** Spanish in the spring.

¿Cómo se dice me neither en español?

La Perla: In Spanish, one agrees with a <u>negative</u> statement in the form **Yo tampoco/I neither**, and with an <u>affirmative</u> statement in the form **Yo también/I too**. In English, one generally agrees with a <u>negative</u> statement in the form **Me neither**, and with an <u>affirmative</u> statement in the form **Me too.***

Yo tampoco: Yo (subject pron) means **I**. Tampoco (adv) means **neither**.

All together: **Yo tampoco → I neither/Me neither**.

One agrees with an affirmative statement with **también** (adv)/**also-too**: Yo también → **I also-too/Me too**.

Examples/Ejemplos with Tampoco:

No voy a clase hoy/I am **not** going to class today. **Yo tampoco/Me neither**.
No necesito una mochila nueva/I do **not** need a new backpack. **Yo tampoco/Me neither**.
No me gustan las anchoas/I do **not** like anchovies. **A mí tampoco/Me neither.****
No quiero ir a la luna/I do **not** want to go to the moon. **Yo tampoco/Me neither**.
No quiero ir a la luna/I do **not** want to go to the moon. **No quiero ir tampoco/I do not want to go either.*****

Examples/Ejemplos with También:

Voy a clase hoy/I am going to class today. **Yo también/Me too**.
Necesito una mochila nueva/I need a new backpack. **Yo también/Me too**.
Me gustan las anchoas/I like anchovies. **A mí también/Me too.****
Quiero ir a la luna/I want to go to the moon. **Yo también/Me too**.
Quiero ir a la luna/I want to go to the moon. Quiero ir **también**/I want to go **too-also**.

* In English, the subject pronoun **I** may also be used for agreement. For example, with the negative statement **I don't want to go**, one may agree as **Nor I, Nor do I, Neither do I** or **I don't either**. With the affirmative statement **I want to go**, one may agree as **I also** or **I do too**.
** **No me gustan las anchoas** is short for **A mí no me gustan las anchoas/To me are not pleasing the anchovies**. Accordingly, the correct response in Spanish is **A mí tampoco**. English uses a different verb altogether, the verb **to like: I do not like anchovies. Me neither**. **Me gustan las anchoas** is short for **A mí me gustan las anchoas/To me are pleasing the anchovies**. Accordingly, the correct response in Spanish is **A mí también**. English uses a different verb altogether, the verb **to like: I like anchovies. Me too**.
*** Spanish loves a double negative, whereas English has a rule against using a double negative in the <u>same</u> sentence. To avoid a double negative in English, use **either** in place of **neither**.

¿Cómo se dice **he is a pianist** en español?

La Perla 1: When telling your profession, occupation, vocation, avocation or religion, Spanish and English do it a bit differently. In the singular, Spanish omits the article, while English keeps the indefinite article a or an. **Él es pianista → He is a pianist**. When plural, Spanish and English omit articles: **Ellos son pianistas → They are pianists**.

La Perla 2: Beyond stating simply what one does, for example when adding articles or adjectives for description or comparison, trust your instincts and say it in Spanish as you would in English: **Él es el mejor pianista → He is the best pianist; Él es el pianista, mientras que ella es la artista → He is the pianist, while she is the artist; Él es un pianista fabuloso, y ella es una artista respetada → He is a fabulous pianist, and she is a respected artist; Somos pianistas maravillosos → We are marvelous pianists; and Ellas son las artistas talentosas → They are the talented artists**.

Él es pianista
Él (subject pron/masc) means **he**. **Es** is the present tense **él/he** conjugation of the verb **ser/to be**. **Pianista** (noun/masc-fem), which has only one form for gender, means **pianist**.

All together: **Él es pianista → He is a pianist**. With **ella/she**: **Ella es pianista → She is a pianist**.

This *¿Cómo se dice?* is a **vocabulary builder!** Spanish nouns ending in **ista**, such as **pianista**, often tell a person's profession, occupation, vocation, avocation or religion. While not always, a Spanish **ista** noun commonly has a companion English noun ending in **ist**. Although the Spanish **ista** nouns do not change form for gender, they are considered masculine when referring to a male, and feminine when referring to a female. As such, articles and adjectives which accompany **ista** nouns must conform for gender and the number of persons.

Examples of Spanish Ista Nouns: analista-analyst; bautista-Baptist; ciclista-cyclist; dentista-dentist; electricista-electrician; estadista-statesman/stateswoman; florista-florist; futbolista-soccer player; guionista-screenwriter; periodista-journalist; psicoanalista-psychoanalyst; publicista-publicist; socialista-socialist; taxista-taxi driver; and tenista-tennis player.

Examples/Ejemplos:

Él es **analista**. He is **an analyst**.
Ella es **analista**. She is **an analyst**.
Ellos son **analistas** (males/mixed). They are **analysts**.
Él es un gran **futbolista**. He is a great **soccer player**.*
Ella es una gran **futbolista** también. She is a great **soccer player** too.*
Soy **publicista** (male/female). I am a **publicist**.
Soy un **publicista** famoso (male). I am a famous **publicist**.
Nosotras son las mejores **taxistas** (females). We are the best **taxi drivers**.
Ana es la **periodista**, mientras que Juan es el **guionista**. Ann is the **journalist**, while John is the **screenwriter**.

* **Grande** (adj)/**Big-Large** shortens to **gran** before singular nouns (masculine or feminine). **Gran**, in turn, often translates as **great**.

¿Cómo se dice **right here** en español?

Acá mismo: **Acá** (adv) and **aquí** (adv) both mean **here**. **Acá** is more common in Latin America, while **aquí** is more common in Spain. **Mismo** (adv) means **same**. **Acá mismo** and **aquí mismo** form the adverbial phrase **here same**, more naturally stated in English as **right here**.

All together: **Acá mismo/Aquí mismo → Here same/Right here**

¡OJO! **Ahora** (adv) may also be used with **mismo** as: **Ahora mismo → Now same/Right now**

¡OJO! Adverbs, including adverbial phrases such as **acá mismo/aquí mismo** and **ahora mismo**, have only one form (with no change for gender or number). Quiero el vino (noun/masc) **acá mismo**/I want the wine **right here**. Quiero las flores (noun/fem) **aquí mismo**/I want the flowers **right here**.

Examples/Ejemplos:

Quiero la pintura **acá mismo**. I want the painting **right here**.
Aquí mismo está bien. **Right here** is fine.
Sucedió **acá mismo** en Madrid. It happened **right here** in Madrid.
Ocurrió **aquí mismo** en Madrid. It occurred **right here** in Madrid.
Pasó **acá mismo** en Madrid. It happened/occurred **right here** in Madrid.
La mejor vista está **aquí mismo**. The best view is **right here**.
Póngalo **acá mismo**, por favor (usted).* Put it **right here**, please.
Ponlo **acá mismo**, por favor (tú).* Put it **right here**, please.
Ponelo **acá mismo**, por favor (vos).* Put it **right here**, please.
Lo mejor es hacerlo **ahora mismo**. The best thing is to do it **right now**.

* Imperative conjugation of the verb **poner/to put**.

¿Cómo se dice the train arrived on time en español?

La Perla: To arrive **a tiempo** is to arrive **on time**. To arrive **justo a tiempo** is to arrive **just in time**.

El tren llegó a tiempo
El (definite article/masc) means **the**. **El tren** (noun/masc) is the **train**. **Llegó**, from the verb **llegar/to arrive**, is the simple past tense conjugation for el **tren**. **A** (prep) means **to**, and un **tiempo** (noun/masc) is a **time**.

All together: **El tren llegó a tiempo** → The train arrived to time/The train arrived <u>on</u> time.

Spanish and English often use different prepositions in otherwise equivalent expressions. As seen here, **a tiempo/to time** goes to English as **on time**, while **justo a tiempo/just to time** goes to English as **just in time**. **El tren llegó justo a tiempo** → The train arrived just to time/The train arrived just in time.

Examples/Ejemplos:

¡OJO! Spanish is easy, just use the preposition **a** in both **a tiempo** and **justo a tiempo**. As an English speaker, you will naturally know when to use **on time** or **in time**.

Siempre pago **a tiempo**. I always pay **on time**.
Ese vuelo nunca llega **a tiempo**. That flight never arrives **on time**.
Espero que Roberto vuelva **a tiempo**.* I hope that Robert returns **on time**.
Josefina llegó **a tiempo**. Josephine arrived **on time**.
Mi hermana no salió **a tiempo**. My sister did not leave **on time**.
El médico llegó **justo a tiempo**. The doctor arrived **just in time**.
Los bomberos llegaron **justo a tiempo** (all males). The firefighters/firemen arrived **just in time**.
Los bomberos llegaron **justo a tiempo** (mixed). The firefighters arrived **just in time**.
Los bomberas llegaron **justo a tiempo** (all females). The firefighters/firewomen arrived **just in time**.

* Present tense subjunctive conjugation of the verb **volver/to return**.

¿Cómo se dice **it is now or never** en español?

La Perla: **Ahora o nunca** means **now or never**.

Es ahora o nunca
Es is the **él-ella-ello/it** conjugation of the verb **ser/to be**. Whatever **it** may be, **él/ella/ello** are commonly left unsaid in Spanish. **Ahora** (adv) means **now**. **Nunca** (adv) means **never**, and sometimes **ever**. **O** (conj) means **or**.

All together: **Es ahora o nunca** → **It is now or never**.

¡OJO! **Que** (conj)/**That** when used to compare means **than**.

Variation: **Ahora más que nunca** → **Now more than ever**

Examples/Ejemplos:

El tiempo para aprender español **es ahora o nunca**. The time to learn Spanish **is now or never**.
No hay próxima vez, **es ahora o nunca**. There is no next time, **it is now or never**.
Es ahora o nunca, mi amor no esperará. "**It's now or never**, my love won't wait."*
El tiempo para aprender el subjuntivo español **es ahora o nunca**. The time to learn the Spanish subjunctive **is now or never**.
Ahora más que nunca quiero aprender el subjuntivo español. **Now more than ever** I want to learn the Spanish subjunctive.
Extraño **a** mi perro **ahora más que nunca**. I miss my dog **now more than ever**.**

* Presley, Elvis. "It's Now or Never." RCA Victor, 1960. Vinyl.
** **A** is the **personal a**. The **personal a** may used to <u>personify</u> a <u>specific</u> <u>non-person</u> (the most common example being one's pet). The **personal a** does not exist in English.

¿Cómo se dice I meet with Alexander today en español?

La Perla: One **meets with** someone in Spanish with the reflexive verb **encontrarse/to encounter oneself** plus **con**.

Me encuentro con Alejandro hoy: Me (reflexive pron) means myself. Me encuentro is the yo/I present tense conjugation of the reflexive verb **encontrarse/to encounter oneself**. **Con** (prep) means **with**. **Me encuentro con/I encounter myself with** translates more naturally to English as **I meet with** or **I am meeting with**. **Hoy** (adv) means **today**.

All together: **Me encuentro con Alejandro hoy** → I encounter myself with Alexander today/I meet with Alexander today/I am meeting with Alexander today.

¡OJO! While **con** is required with **encontrarse**, **with** is often dropped from **to meet**: **Me encuentro con Alejandro hoy** → I am meeting Alexander today. When **with** is dropped, it may be unclear in English whether **I am meeting Alexander** to get together, or **I am meeting Alexander** for the first time.

¡OJO! The Spanish verb **conocer** can express both **to know** someone and **to meet** someone for the first time. **Conozco** bien **a** Alejandro → I **know** Alexander well. **Conocí a** Alejandro hace dos año → I **met** Alexander two years ago.*

Related Vocabulary: Un **encuentro** (noun/masc) is an **encounter**.

Examples/Ejemplos: While not strictly necessary in English, **with** is included below to make clear that **to meet** means to get together (not **to meet** for the first time).

Me encuentro con Jorge al mediodía. I **meet with** George at noon.
Me encuentro con Susana después. I **am meeting with** Susan after.
Voy a **encontrarme con** ellos pronto. I am going **to meet with** them soon.
Luis **se encuentra con** nosotros hoy. Louis **is meeting with** us today.
Nos encontramos con Antonio al mediodía. We **meet with** Anthony at noon.
Nos encontramos con Antonio ayer. We **met with** Anthony yesterday.
Me encontraré contigo en la puerta del cine. I **will meet** you at the door of the cinema.
Conozco bien a mi marido. I **know** my husband well.
Conocí a mi marido hace dos años. I **met** my husband two years ago.
Encuentros cercanos del tercer tipo. Close **Encounters** of the Third Kind.**
No puedo **encontrar** las llaves. I cannot **find** the keys.***

* **A** is the **personal a**. The **personal a** does not exist in English
** Directed by Steven Spielberg, produced by Julia Phillips and Michael Phillips, Columbia Pictures, 1977.
*** The non-reflexive verb **encontrar/to encounter** commonly translates to English as **to find**.

¿Cómo se dice **see you** en español?

La Perla: Nos vemos, literally **We see each other/We see one another**, is a common Spanish farewell. The best English equivalent is simply **See you**.

Nos vemos: The reciprocal pronoun **nos** translates to English as **each other** or **one another**, which may be used interchangeably. **Nos vemos** is the **nosotros-as/we** present tense conjugation of the reciprocal verb **verse/to see each other-to see one another**.

¡OJO! While **nos vemos** and **see you** are both conjugated in the present tense, these farewells are understood to refer to the future.

All together: **Nos vemos → We see each other-one another/See you**.

¡OJO! The reciprocal verb **verse** may also express the present: **Nos vemos** en el espejo → **We see each other/one another** in the mirror.

There are only three reciprocal pronouns: **nos** (nosotros/as); **se** (ustedes; ellos/as) and **os** (vosotros/as - used only in Spain). The reciprocal pronouns are plural because it takes at least two persons **to see each other/one another**. Reciprocal Verbs: **Vestirse/To dress each other: Nos vestimos →** We **dress each other**; **Encontrarse/To meet one another: Nos encontramos** mañana → We **meet/are meeting one another** tomorrow; **Abrazarse/To hug each other:** Ustedes **se abrazan** a menudo → Y'all **hug each other** often; **Detestarse/To detest one another:** Ellos **se detestan →** They **detest one another**; **Amarse/To love each other: Nos amamos →** We **love each other**; **Casarse/To marry one another:** Ellos **se casan** pronto → They **marry/are marrying** soon (**one another** is generally dropped in English)/They **are getting married** soon.*

Examples/Ejemplos:

Nos vemos pronto. **See you** soon.
Nos vemos todos los días. We **see each other** every day.
Los niños **se visten**. The children **dress each other**.
Nos encontramos más tarde. We **are meeting one another** later.
Ustedes **se abrazan** frecuentemente. Y'all **hug each other** frequently.
Nos detestamos. We **detest one another**.
Ellos **se aman** profundamente. They **love each other** deeply.
Nos casamos mañana. We **are getting married** tomorrow (**one another** is generally dropped in English).

* **Nos** and **se** (plural) (and **os**) are also the reflexive pronouns **nos/ourselves** and **se/themselves-yourselves** (and **os/yourselves**). Examples: **Nos vemos** en el espejo → We **see each other** in the mirror (reciprocal)/We **see ourselves** in the mirror (reflexive); Ellos **se visten** → They **dress one another** (reciprocal)/They **dress themselves** (reflexive); and Ustedes **se detestan** → Y'all **detest each other** (reciprocal)/Y'all **detest yourselves** (reflexive).

¿Cómo se dice **I met Francis last night** en español?

La Perla: Conocer/To know someone for the **first time** is to meet someone.

Conocí a Francisco anoche: Conocí is the simple past tense **yo/I** conjugation of the verb **conocer/to know**. **Conocer/To know** someone for the first time is **to meet** someone. The a before **Francisco** is the **personal a** (there is no **personal** a in English). **Francisco** (noun/masc) is **Francis** in English. **Francisca** (noun/fem) is **Frances** in English. **Anoche** (adv) means **last night**.

All together: **Conocí a Francisco anoche → I knew Francis last night/I met Francis last night**.

¡OJO! Unlike English, which has just one **to know** verb, there are two such verbs in Spanish, **conocer/to know** and **saber/to know**. **Conocer** is a personal kind of **knowing**, such as **to meet** someone for the first time or **to be acquainted** with a person, place or thing. **Conocí** a Francisco anoche/I **met** Francis last night. **Conozco** a Benedicto bien/I **know** Benedict well. **Conozco** Buenos Aires bien/I **know** Buenos Aires well. **Saber**, by comparison, is **to know** general knowledge, as well as **to know** how. **Sé** que Francisco es argentino/I **know** that Francis is Argentine. Francisco **sabe** bailar bien la milonga/Francis **knows** how to dance the milonga well.

Examples/Ejemplos:

Voy a **conocer** a Francisco mañana. I am going to **meet** Francis tomorrow.
Pablo **conoció** a Francisco ayer. Pablo **met** Francis yesterday.
Nos **conocimos** en línea. We **met** each other online.
Conocí a mi marido hace cinco años. I **met** my husband five years ago.
Es un placer **conocer**te. It is a pleasure **to meet** you.
Es un placer **conocer**te. It is a pleasure **to know** you.
Conozco bien a mi marido. I **know** my husband well.
Siempre quisimos **conocer** mejor a Francisco. We always wanted **to know** Francis better.
¿Nos **conocemos**? Do we **know** each other?
No **sé** tu nombre. I do not **know** your name.
Ya **sé** tocar el piano. I already **know how** to play the piano.

Conocer	Yo	Ud*	Tú/Vos	Nosotros/as	Uds*
Present	Conozco	Conoce	Conoces/Conocés	Conocemos	Conocen
Past	Conocí	Conoció	Conociste	Conocimos	Conocieron
Imperfect	Conocía	Conocía	Conocías	Conocíamos	Conocían

* **Ud** = Usted/Él/Ella/Ello & **Uds** = Ustedes/Ellos/Ellas.

¿Cómo se dice we live under the same roof en español?

Vivimos bajo el mismo techo: **Vivimos** is the present tense **nosotros-as/we** conjugation of the verb **vivir/to live**. **Bajo** (prep) means **under**. **El** (definite article/masc) means **the**. **Mismo/a** (adj) means **same**. Un **techo** (noun/masc) is a **roof**.

All together: **Vivimos bajo el mismo techo** → We live under the same roof.

¡OJO! **Techo** does double duty in Spanish meaning both **roof** and **ceiling**.

Related Vocabulary: The verb **techar** means **to roof**.

Examples/Ejemplos:

Hay un agujero en el **techo**. There is a hole in the **roof**.
Él no tiene **techo**. He does not have **roof**/He is homeless.
Los sin **techo** están en todas partes. The homeless are everywhere.
La casa tiene un **techo** de pizarra. The house has a **roof** of slate/slate **roof**.
Hay un agujero en el **techo**. There is a hole in the **ceiling**.
El **techo** de mi cuarto es muy alto. The **ceiling** of my room is very high.
El espacio sobre el **techo** y debajo del **techo** se llama el ático. The space above the **ceiling** and below the **roof** is called the attic.
Quiero **techar** el garaje con pizarra. I want **to roof** the garage with slate.

¿Cómo se dice **capital letter** en español?

La Perla: Per la Real Academia Española/the Royal Spanish Academy, all words which take un **acento**/una **tilde** must be written with the **accent**, whether en **min**u**sculas** o **MAY**U**SCULAS**, in **lowercase** or **CAPITAL** letters. Be aware, however, that this rule is often ignored, particularly in signs written in **MAY**U**SCULAS**.

Mayúscula:
Una **mayúscula** (noun/fem) is a **capital letter**, as well as an **uppercase letter**. Una **minúscula** (noun/fem) is a **lowercase letter**.

A Spanish keyboard has a key marked **Bloq Mayús** (**Bloqueo** de **Mayúsculas**), what you know on an English keyboard as the **Caps Lock** (**Capitals Lock**) key. Una **tecla** (noun/fem) is a **key**, and un **teclado** (noun/masc) is a **keyboard**.

En **mayúsculas**, el **abecedario** español/the Spanish **alphabet** is written ABCDEFGHIJKLMN**Ñ**OPQRSTUVWXYZ. El **abecedario** español has one more letter than the English **alphabet**, la **consonante**/the **consonant Ññ**.

¡OJO! If a word is stressed contrary to the general rules, the Spanish **tilde/acento** is added to show which **sí**laba/**syllable** to stress. Knowing which **sí**laba to stress is important because: **1)** When you pronounce a word incorrectly, you may not be understood; and **2)** The last thing you want to do is unlearn an incorrect pronunciation.

ATENCIÓN, POR FAVOR/ATTENTION, PLEASE: Spanish nouns ending in **ría** often refer to a type of business, shop or store, such as una **ferretería**/**hardware store**, **cafetería**/**cafeteria**, **panadería**/**bakery**, **joyería**/**jewelry store**, and so on. When signs for these businesses are written in **mayúsculas**, the **tilde/acento** should appear (but may not) as **FERRETERÍA, CAFETERÍA, PANADERÍA** y **JOYERÍA**. Though not ending in **ría**, la **policía/POLICÍA** takes an **accent**, while una **farmacia/FARMACIA** does not. From **ángel** (noun/masc)/**angel**, the corresponding Spanish **nombres/names** should also bear an **acento/tilde** as **Ángel** (masc) and **Ángela** (fem).

¿Cómo se dice I missed the flight en español?

La Perla: **To miss** a flight in Spanish is **perder/to lose** a flight.*

Perdí el vuelo: **Perdí** is the **yo/I** simple past tense conjugation of the verb **perder/to lose**. **El** (definite article/masc) means **the**. Un **vuelo** (noun/masc), from the verb **volar/to fly**, is a **flight**. **Vuelo** is also the **yo/I** present tense conjugation of **volar**. **Vuelo** a menudo → I **fly** often.

All together: **Perdí el vuelo** → I lost the flight/I <u>missed</u> the flight.

Related Vocabulary: The <u>past participle</u> of the verb **perder** is **perdido**, which doubles as the <u>adjective</u> **perdido/a** meaning **lost**. **Past Participle:** Ricardo ha **perdido** sus llaves → Richard has **lost** his keys. **Adjective:** Ricardo está **perdido** → Richard is **lost**. Silvia está **perdida** → Sylvia is **lost**.

Examples/Ejemplos:

Past Tense:

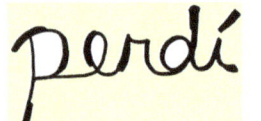

Perdí el ferry a Cayo **Perdido**. I **missed** the ferry to **Perdido** Key.
¿**Perdiste** el tren otra vez (tú/vos)? You **missed** the train again?
Ella **perdió** el autobús anoche. She **missed** the bus last night.
Perdimos el subte por segundos. We **missed** the subway by seconds.
Ustedes apenas **perdieron** el ferry a Estocolmo. Y'all barely **missed** the ferry to Stockholm.

Present Tense:

Siempre **pierdo** el ferry a Cayo **Perdido**. I always **miss** the ferry to **Perdido** Key.
¿Frecuentemente **pierdes/perdés** el tren (tú/vos)? You frequently **miss** the train?
Ella nunca **pierde** el colectivo. She never **misses** the bus.
Perdemos el metro de vez en cuando. We **miss** the subway from time to time.
Ustedes **pierden** el ferry a menudo. Y'all **miss** the ferry often.

* To miss in the sense of **to long** for someone or something, use the verb **extrañar**: I **miss** my brother → **Extraño** a mi hermano (**a** is the **personal a**). I **miss** your smile → **Extraño** tu sonrisa.

¿Cómo se dice I was twenty-nine years old en español?

 The Spanish imperfecto verb tense (imperfect in English) is a bit much to take in all at once. Below are two bite-sized rules for using the Spanish imperfecto.

La Perla: When telling your **age** or the **time** (including the **day/date**) in the past, use the Spanish imperfecto.

Tenía veintinueve años: Tenía is the yo/I imperfect conjugation of the verb **tener/to have**. Unless for emphasis or clarity, **yo** is usually left unsaid in Spanish. **Veintinueve** (adj/invariable) means **twenty-nine**. Un **año** (noun/masc) is a **year**.

¡OJO! Age in Spanish is told with **tener/to have**, while English uses the verb **to be**. In the imperfect, **yo** jumps in with **usted/él/ella**: yo/usted/él/ella **tenía**; tú/vos **tenías**; nosotros/as **teníamos**; and ustedes/ellos/ellas **tenían**.

All together: **Tenía veintinueve años** → I was having twenty-nine years/I was twenty-nine years old/I was twenty-nine.

Examples/Ejemplos - Telling Age:

Present Tense:

¿Cuántos años **tienes**? → How many years **have** you?/How old **are** you?
Tengo veintinueve años → I **have** twenty-nine years/I **am** twenty-nine years old/I **am** twenty-nine.

Imperfect:

¿Cuántos años **tenías**? → How many years **were** you **having**?/How old **were** you?
Tenía veintinueve años → I **was having** twenty-nine years/I **was** twenty-nine years old/I **was** twenty-nine.

¡OJO! Time in Spanish is told with the verb **ser/to be** plus la **hora** (noun/fem)/**hour**. English too uses the verb **to be**, with **hour** and also with **time**. Ser is one of three Spanish verbs which conjugate irregularly in the imperfect (the other two are **ir/to go** and **ver/to see**). With **ser**: yo/usted/él/élla/ello **era**; tú/vos **eras**; nosotros/as **éramos**; and ustedes/ellos/ellas **eran**.

Examples/Ejemplos - Telling Time:

Present Tense:

¿Qué **hora es**? → What **hour is** it?/What **time is** it?
Es la una → It **is** the one/It **is** one.
Son las tres → They **are** the three/It **is** three.
¿Qué **día es** it?/What **day is** it? → **Es** jueves/It **is** Thursday.

Imperfect:

¿Qué **hora era**? → What **hour was** it **being**?/What **hour was** it?/What **time was** it?
Era la una → It **was being** the one/It **was** one.
Eran las tres → They **were being** the three/It **was** three.
¿Qué **fecha era**?/What **date was** it? → **Era** el dieciocho de diciembre/It **was** the eighteenth of December.

¿Cómo se dice **a scary ghost** en español?

La Perla: Un **fantasma** is one of the Spanish **MaPaTa** nouns, nouns ending in **ma, pa** or **ta** which came from Greek into Spanish as masculine nouns (despite ending in **a**). A few other Greek-origin masculine nouns ending in **ma, pa** or **ta** are: un **proble**ma/problem; un **progra**ma/program; un **panora**ma/panorama; un **idio**ma/idiom-language; un **te**ma/theme-topic; un **cli**ma/climate; un **ma**pa/map; un **come**ta/comet; and un **plane**ta/planet.

Un fantasma espantoso

Un (indefinite article/masc) means **a/an**. Un **fantasma** (noun/masc), literally a **phantom**, is more commonly known in English as a **ghost**. **Espantoso** (adj/masc), from the verb **espantar/to scare-to frighten**, means **scary** or **frightening**.

All together: **Un fantasma espantoso → A scary phantom/A scary ghost**

¡OJO! As a masculine noun, articles and adjectives which accompany **fantasma** must also be in masculine form (regardless of the gender of the **phantom/ghost**). Él es un **fantasma espantoso**/He is a scary ghost. Ella es un **fantasma espantoso**/She is a scary ghost. The Spanish feminine noun la **persona** works this same way, although with feminine articles and adjectives (no matter the gender of the **person**). Él es una **persona simpática**/He is a nice person. Ella es una **persona simpática**/She is a nice person.

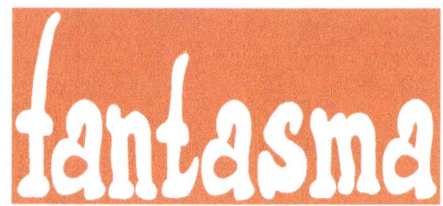

Whether *El **fantasma** de la ópera*/*The **Phantom** of the Opera*, or el **fantasma** known as the Lady in Lace (a **ghost** reputed on foggy nights to walk the famous 17-mile drive from Pacific Grove to Pebble Beach, California), un **fantasma** es un **fantasma**.

¿Cómo se dice **kiss me a lot** en español?

La Perla: The imperative conjugates in the present tense, only.

¡OJO! In the affirmative imperative, object pronouns are tacked on directly after the conjugated verb. This is mandatory. In the negative imperative, object pronouns come before the conjugated verb. This too is mandatory.

Bésame mucho: **Besa** is the imperative **tú/you** conjugation of the verb **besar/to kiss**. In both the Spanish and English imperative, subject pronouns **tú** and **you** are commonly left unsaid. **Me** (direct object pron) means **me**. When **me** is tacked on, an accent must be added to maintain the stress of **besa** alone: **besa → bésame**. **Mucho** (adv), meaning **much**, often translates as **a lot**.

All together: **Bésame mucho → Kiss me much/Kiss me a lot**.*

¡OJO! Besar conjugates for **vos/you** in the affirmative imperative as **besá**. When **me** is tacked on, the accent must be removed to maintain the stress of **besá** alone: **besá → besame**.

Subject pronouns such as **tú-vos-usted/you** are most often left unsaid in both the Spanish and English imperative. Note too that the Spanish imperative may range in intensity from a command, to an instruction to a whispered request. As such, exclamation points tend to be used less often with the Spanish imperative.

Examples/Ejemplos in the Affirmative Imperative:

Tú	Vos	Usted	→ You
Bésame.	Besame.	Béseme.	Kiss me. (besar - to kiss)
Escúchame.	Escuchame.	Escúcheme.	Listen to me. (escuchar - to listen)
Llámame.	Llamame.	Llámeme.	Call me. (llamar - to call)

Examples/Ejemplos in the Negative Imperative:

Tú/Vos	Vos**	Usted	→ You
No me beses.	No me besás.	No me bese.	Do not kiss me. (besar - to kiss)
No me escuches.	No me escuchás.	No me escuche.	Do not listen to me. (escuchar - to listen)
No me llames.	No me llamás.	No me llame.	Do not call me. (llamar - to call)

* "Bésame mucho" was written in 1940 by Mexican songwriter Consuelo Velázquez. The beginning lyrics are: "Bésame, bésame mucho, como si fuera esta noche la última vez." **Fuera** is the **ser/to be** past tense subjunctive conjugation for la **noche**.
** This version of the negative **vos** imperative is considered more emphatic than the negative form shared with **tú**.

¿Cómo se dice **to give birth** en español?

La Perla: To give birth in Spanish is **dar a luz/to give to light**.

Dar a luz: The verb **dar** means **to give**. **A** (prep) means **to**, and una **luz** (noun/fem) is a **light**.

All together: **Dar a luz → To give to light/To give birth**

Related Vocabulary: The verb **nacer** means **to be born**. Un **nacimiento** (noun/masc), literally a **birth**, may also translate as an **origin, beginning** or **source**.

¡OJO! To be without **luz/light** means to be without **electricidad** (noun/fem)/**electricity**.

Examples/Ejemplos:

Carlota **dio a luz** a un niño. Carlotta **gave birth** to a boy.
Josefina **dio a luz** a una niña. Josephine **gave birth** to a girl.
Mi mujer acaba de **dar a luz**. My wife just **gave birth**.
Nací en junio. I **was born** in June.
Mi hija **nació** en julio. My daughter **was born** in July.
Cristóbal Colón **nació** en 1451.* Christopher Columbus **was born** in 1451.
Génova es el lugar de **nacimiento** de Cristóbal Colón. Genoa is the **birth**place of Christopher Columbus.
¿Cuál es tu fecha de **nacimiento**? What is your date of **birth**?**
No tengo **luz**. I don't have electricity.
¡No hay **luz**! There is no electricity!

* Cristoforo Colombo en italiano; Cristóvão Colombo en portugués; Christophe Colomb en francés; y Cristòfor Colom en catalán. Menos el <u>acento</u>/Minus the <u>accent</u>, el **colon** (noun/masc)/the **colon** is the large intestine. In terms of punctuation, dos puntos/: (noun/masc) form a colon, and un punto y coma/; (noun/masc) form a semicolon.
** In Spanish one asks **cuál/which** is your date of birth, while in English one asks **what/qué** is your date of birth.

¿Cómo se dice **when you can, call me** en español?

La Perla: When pointing to the future, **cuando** is a trigger for the Spanish subjunctive mood. For example (tú/vos): **cuando puedas**/**when** you **are able to**; **cuando sepas**/**when** you **know**; **cuando estés** listo/**when** you **are** ready; **cuando llegues**/**when** you **arrive**; **cuando quieras**/**when** you **want**; **cuando salgas**/**when** you **leave**; and so on.

Cuando puedas, llámame:
Cuando (adv) means **when**. **Puedas** is the present tense **tú-vos/you** subjunctive conjugation of the verb **poder/to be able to**. In the present, **puedas/you are able to** often translates as **you can**. **Llama** is the **tú/you** imperative conjugation of the verb **llamar/to call**. **Me** (direct object pron) means **me**. Because pronouns are tacked on directly after a verb in the affirmative imperative, an accent must be added or taken away to maintain the stress of the conjugated verb, alone. With **tú**, **llama** goes to **llámame** when **me** is tacked on.

All together: **Cuando puedas, llámame** → **When you are able to, call me/When you can, call me**.

With **vos**: **Cuando puedas, llamame** → **When you can, call me**.

With **usted**: **Cuando pueda, llámeme** → **When you can, call me**.

¡OJO! When referring to something generally, **cuando** does not trigger the subjunctive. **Cuando María puede, me llama** → **When Mary can, she calls me**. There is no subjunctive quality to this statement, no doubt or uncertainty; rather, the foregoing is a present tense statement of fact in the indicative mood.

Examples/Ejemplos with Tú:

Cuando **sepas** la fecha, **llámame**. When you **know** the date, **call me**.
Cuando **sepas** la hora, **mándame** un email. When you **know** the hour/time, **send me** an email.
Cuando **estés** listo, **deja** un mensaje. When you **are** ready, **leave** a message.
Cuando **estés** cerca, **envíame** un mensaje por WhatsApp. When you **are** near, **send me** a message by WhatsApp.
Cuando **llegues, anda** a la sala de espera. When you **arrive, go** to the waiting room.
Cuando **llegues, ven** a mi habitación. When you **arrive, come** to my room.
Cuando **quieras, llámame**. When you **want, call me**.
Cuando **quieras**, donde **quieras**.* Whenever you **want**, wherever you **want**.
Cuando **salgas** del cuarto, **apaga** las luces. When you **leave** the room, **turn off** the lights.
Cuando **sales** del cuarto, nunca **apagas** las luces.** When you **leave** the room, you never **turn off** the lights.

* The second **quieras**, also in the subjunctive, is triggered by **donde/where**.
** **Sales** is the present tense indicative (not subjunctive) **tú** conjugation of **salir/to go out-to leave-to exit**, and **apagas** is the present tense indicative (not imperative) **tú** conjugation of **apagar/to turn off**. **Cuando** does not trigger the subjunctive when speaking generally in the present tense.

¿Cómo se dice **social network** en español?

La Perla: English words ending in **al** often the same or quite similar to their Spanish counterparts ending in **al**.

Red social: Una **red** (noun/fem) is a **net**, as in una **red de pesca**/a **fishing net**. Una **red** is also a **network**. **Social** (adj) means **social**. Put the two together, and una **red social** is a **social network**. Facebook® and Twitter® are examples of **redes sociales/social networks**.

¡OJO! This *¿Cómo se dice?* is a **vocabulary builder!** Adjectives/Adjetivos - English → Español:

Central	=	Central
Digital	=	Digital (**digital** television/televisión **digital**)
Elemental	=	Elemental (Es **elemental** mi querido Dr. Watson)
Equal	=	**Igual**
Fatal	=	Fatal (**fatal** attraction/atracción **fatal**)
Formal and Informal	=	Formal **e** Informal (**y → e**)
General	=	General
Identical	=	**Idéntico/a**
Legal and **Illegal**	=	Legal **e** Ilegal (**y → e**)
Local	=	Local
Loyal	=	**Leal**
Manual	=	Manual (**manual** work/trabajo **manual**)
Moral and **Immoral**	=	Moral **e** Inmoral (**y → e**)
Natural	=	Natural
Normal	=	Normal
Original	=	Original (an **original** work/una obra **original**)
Real	=	Real
Royal	=	**Real** (**Real** Madrid)
Regional	=	Regional
Sentimental	=	Sentimental
Special	=	**Especial**
Usual and **Unusual**	=	Usual **e** Inusual (**y → e**)
Vital	=	Vital (**vital** organ/órgano **vital**)

Nouns/Sustantivos - English → Español:

Capital	=	Capital, la (the **capital** of a country/la **capital** de un país)
Festival	=	Festival, el (a music **festival**/un **festival** de música)
Hospital	=	Hospital, el (a rural hospital/un hospital rural)
Manual	=	Manual, el (a user **manual**/un **manual** de uso)
Metal	=	Metal, el (**metal** fatigue/fatiga del **metal**)
Original	=	Original, el (the **original**/el **original**)
Ritual	=	Ritual, el (a common **ritual**/un **ritual** común)

¿Cómo se dice **beer** en español?

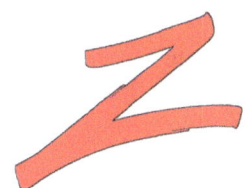

¡OJO! To help you recognize their sounds, z and s when red sound like the s sound in the Spanish **sopa** and the English **soup**. When green, z and s represent the z sound found in the English **zebra** and **please**.*

La Perla: In **Latin American Spanish**, a single z always sounds just like an s as with **cerveza** (beer), **azul** (blue), **azúcar** (sugar), **Zorro** (the masked man), and more.**

Cerveza: Una **cerveza** (noun/fem) is a **beer**. **Z** (noun/fem) is una **letra** (noun/fem)/a **letter**. **Z** is also una **consonante** (noun/fem)/a **consonant** (not una **vocal** (noun/fem)/a **vowel**). The Spanish **alfabeto** (noun/masc), also known as el **abecedario** (noun/masc), has 27 **letras** comprised of the English **alphabet** (26 **letters**) plus la **ñ**. Las **letras** of the Spanish **alfabeto/abecedario** are all <u>feminine</u> nouns: la **a**; la **b**; la **c**; la **d**; and so on.

All together: **Cerveza → Beer**

¡OJO! When spelling a word out loud in Spanish, z is represented by **zeta**. To spell **feliz** (adj)/**happy**, for example, one says: **efe - e - ele - i - zeta**. When spelling **feliz** out loud in English, one says: **f - e - l - i - z** (or, zee in American English; zed in British English).

Examples/Ejemplos of Spanish Words with Z: un **abrazo** (hug); la **actriz** (actress); el/la **azúcar** (sugar); **azul** (blue); el **buzón** (mailbox); la **cabeza** (head); **cazar** (to hunt); la **certeza** (certainty); el **corazón** (heart); **feliz** (happy); la **luz** (light); una **mezcla** (mixture); el/la **mozo/a** (waiter/waitress); la **organización** (organization); **perezoso/a** (lazy); una **razón** (reason); **Suiza** (Switzerland); la **taza** (cup); una **vez** (time); una **zanahoria** (carrot); una **zapatilla** (athletic shoe); el **zapato** (shoe); la **zona** (zone); el **zoológico/zoo** (zoo); un **zorro** (fox); and **Zorro** (the masked man).

Double ZZ: In Spanish and English, a double **zz** (from Italian) sounds like **ts** in **pizza** (**pitsa**).

* In English, an s often sounds like a z. **Singular: business** (negocio); **busy** (ocupado/a); **fuse** (fusible); **laser** (láser); **music** (música); **phase** (fase); **phrase** (frase); **physical** (físico/a); **please** (por favor); **loser** (perdedor/a); **Susan** (Susana). **Plural: dollars** (dólares); **funds** (fondos); **kinds** (tipos); **lies** (mentiras); **minds** (mentes); **organizations** (organizaciones); **pearls** (perlas); **reservations** (reservaciones); **stations** (estaciones); **towels** (toallas); **zebras** (cebras); and **zeros** (ceros).

** In Spain, a z sounds like **th** in **thin**. A c also sounds like **th** when coming before one of the soft vowels, **e** or **i**: el/la **azúcar** (athúcar); **azul** (athul); un **zapato** (thapato); una **vez** (veth); una **cerveza** (thervetha); una **cena** (thena); el **cine** (thine); la **cocina** (cothina); **decir** (dethir); and **gracias** (grathias).

¿Cómo se dice **traffic light** en español?

La Perla: The Spanish **semáforo** (noun/masc) and the English **semaphore** mean the same thing: un **sistema**/a **system** for conveying information by **señales visuales**/**visual signals**. For example, un **semáforo de banderas**/a **flag semaphore** is used to communicate letters of the alphabet.

La **letra k**/The **letter k**

¡OJO! Una **man**o/a **hand** is a <u>feminine</u> noun despite ending in **o**, an exception to the general rule that nouns ending in **o** are <u>masculine</u>.

With early vehicular traffic, un **semáforo** took the form of a policeman directing traffic **por mano/by hand**. At an intersection of **two-way** streets, the policeman would raise both arms outstretched at his sides to halt opposing traffic on one street, and then rotate ninety degrees to signal traffic to proceed on the other. In Buenos Aires, the term **doble mano/double hand** came to mean a **two-way** street, while **una mano/one hand** meant a **one-way** street. Galileo en Buenos Aires es una calle de **doble mano** → Galileo in Buenos Aires is a **two-way** street. Uriburu en Buenos Aires es una calle de **una mano** → Uriburu in Buenos Aires is a **one-way** street.

Semáforo: Hoy en día/Nowadays, a **semáforo** commonly refers to a **traffic light** (also known as a **traffic signal** or **stoplight**), as well as a **set** of **traffic lights**.

Examples/Ejemplos:

El **semáforo** está en verde	→ The **traffic light** is green.
El **semáforo** está en amarrillo/ámbar	→ The **traffic light** is yellow/amber.
El **semáforo** está en rojo	→ The **traffic light** is red.
Por favor, pare en el **semáforo** (usted)*	→ Please, stop at the **traffic light**.
Por favor, para en el **semáforo** (tú)*	→ Please, stop at the **traffic light**.
Por favor, pará en el **semáforo** (vos)*	→ Please, stop at the **traffic light**.
Doble/Gire a la derecha en el **semáforo**, por favor (usted)*	→ Turn right at the **traffic light**, please.
Dobla/Gira a la derecha en el **semáforo**, por favor (tú)*	→ Turn right at the **traffic light**, please.
Doblá/Girá a la derecha en el **semáforo**, por favor (vos)*	→ Turn right at the **traffic light**, please.
¡La **luz** está **roja**!**	→ The **light** is **red**!

* Imperative.
** Un **semáforo/traffic light** shows three colors, **roja/red, verde/green** and **amarrillo-ámbar/yellow**. In this example, the verb **estar/to be** conveys the **roja/red** state/status of la **luz/light**.

¿Cómo se dice **I have a hole in my pocket** en español?

La Perla: **Agujero** is probably the most generic word for **hole**, for example un **agujero** in el **bolsillo/pocket**, la **pared/wall**, el **techo/roof-ceiling**, el **suelo/ground** y más. There are other words too for **hole**: un **hueco/hole** (hollow-cavity-recess-gap-well-shaft); un **hoyo/hole** (pit-cavity-excavation; in golf, un **hoyo** de uno = a **hole** in one); and un **pozo/hole** (well-shaft-pit-mine). **Agujero, hueco, hoyo** and **pozo** are all masculine nouns.

Tengo un agujero en el bolsillo: **Tengo** is the **yo/I** present tense conjugation of the verb **tener/to have**. Un **agujero** (noun/masc), from the verb **agujerear/to make a hole-to make holes in**, is a **hole**. **En** (prep) means **in**, as well as **on**. **El** (definite article/masc) means **the**. Un **bolsillo** (noun/masc) is a **pocket**.

¡OJO! Spanish tends to be less possessive (and less redundant) than English. As such, [Yo] Tengo un agujero en el bolsillo would generally be understood to reference one's own **bolsillo** without stating mi **bolsillo**. In a neutral statement such as **Hay un agujero en/There is a hole in**, however, one might want to say mi **bolsillo**, tu **bolsillo**, etcetera, to make clear whose **pocket** it is. **Hay un agujero en** mi **bolsillo**. That is to say, when context is lacking, or for emphasis, one may clarify with possessive adjectives. **Está en** mi **bolsillo, no en** tu **bolsillo/It is in** my **pocket, not in** your **pocket**.

¡OJO! English, by comparison, tends to be generally possessive. While pointing at one's own pocket one would probably say I **have a hole in** my **pocket**.

All together: **Tengo un agujero en el bolsillo** → I have a hole in the pocket/I have a hole in <u>my</u> pocket.

Related Vocabulary: Un **agujerito** is a **small hole**.

Spanish/English Possessive Adjectives: mi-mis/my; tu-tus/your; nuestro/a-nuestros/as/our; and su-sus/your-his-her-their.

Examples/Ejemplos:

Agujero de bala = Bullet **hole**
Agujero negro = Black **hole**
Agujero de gusano = Worm**hole**
Agujero de ozono = Ozone **hole**

Diego tiene un **agujero** en la camisa. Diego has a **hole** in his shirt.
Hay un **agujero** en el cuello de tu camisa. There is a **hole** in the collar of your shirt.
Hay **agujeritos** en tus guantes. There are **small holes** in your gloves.
Voy a hacer otro **agujero** en tu cinturón. I am going to make another **hole** in your belt.
Quiero hacer otro **agujero** en el cinturón (pointing to your belt). I want to make another **hole** in your belt.
Debo arreglar el **agujero** en el/mi/tu/su/nuestro techo. I must fix the **hole** in the/my/your/his/her/their/our roof.

¿Cómo se dice it is impressive en español?

La Perla: Impressive in Spanish is **impresionante**.

Es impresionante:
Es, from the verb **ser/to be**, is the present tense conjugation for an unstated **él-ella-ello** (subject pron)/**it**. Whatever **it** may be, **él/ella/ello** are usually left unsaid in Spanish. **Impresionante** (adj), from the verb **impresionar/to impress**, means **impressive**. **Impresionante** goes plural as **impresionantes**.

All together: **Es impresionante → It is impressive**.

When plural: **Son impresionantes → They are impressive**.

Because **impresionante** represents a characteristic of something or someone (rather than a state or status), **impresionante** goes with the verb **ser/to be** (not **estar/to be**).

Examples/Ejemplos:

With Subject → With Subject Pronoun → Subject Pronoun Understood → With English Subject Pronoun:

El **plan** es impresionante.	→ **Él** es impresionante.	→ Es impresionante.	→ **It** is impressive.
La **idea** es impresionante.	→ **Ella** es impresionante.	→ Es impresionante.	→ **It** is impressive.
Ser tan leal es impresionante.	→ **Ello** es impresionante.	→ Es impresionante.	→ **It** is impressive.
Fernando es impresionante.	→ **Él** es impresionante.	→ Es impresionante.	→ **He** is impressive.
Isabel es impresionante.	→ **Ella** es impresionante.	→ Es impresionante.	→ **She** is impressive.

¿Cómo se dice **equivalents** en español?

Equivalentes: Un **equivalente** (noun/masc) is an **equivalent**. Below is an assortment of Spanish ←→ English equivalentes/equivalents:

equivalentes

Español ←→ English:

0 grados **centígrados**	=	32 degrees **Fahrenheit**
22 grados **centígrados**	≈	72 degrees **Fahrenheit**
37 grados **centígrados**	=	98.6 degrees **Fahrenheit**
180 grados **centígrados**	≈	350 degrees **Fahrenheit**
1 metro/100 centímetros	≈	3.2 feet
1 metro/100 centímetros	≈	1.1 yards
1 kilómetro/1000 metros	≈	0.6 miles
1 kilogramo-1 kilo/1000 gramos	≈	2.2 pounds
1	=	1
7	=	7
31,00	=	31.00
1.564.231,00	=	1,564,231.00
Veint**i**uno a veint**i**nueve	=	Twent**y**-one to twent**y**-nine
Treinta **y** uno a noventa **y** nueve	=	Thirt**y**-one to ninet**y**-nine
Cien	=	One hundred
Ciento uno	=	One hundred and one
Ciento noventa **y** nueve	=	One hundred and ninet**y**-nine
Mil	=	One thousand/A thousand
Planta baja	=	Ground floor
Primer, segundo, tercer piso	=	Second, third, fourth floor
Una **cuadra** (linear city block)	=	A **block**
Una **manzana** (square city block)	=	A **block**
Una **manzana** (fruit)	=	An **apple**
← A la izquierda | A la derecha →	=	← To the left | To the right →
Vaya/Ve/Andá derecho (usted/tú/vos imperativo)	=	Go straight (you imperative)
Derechos humanos	=	Human rights
de la mañana	=	a.m.
de la tarde/de la noche	=	p.m.
La **hora** (del día)	=	The **time** (of day)
Una **vez**, dos **veces**, tres **veces**	=	One **time**, two **times**, three **times**
Tiempo libre	=	Free time
Gratis/Gratuito-a	=	Free (without cost)
Las cuatro **estaciones** (**primavera**, etcétera)	=	The four **seasons** (**spring**, etcetera)
Blanco y negro	=	Black and white
Igual/Igualmente	=	Equal/Equally
Dulces sueños	=	Sweet dreams

¿Cómo se dice **I will sell it** en español?

Lo venderé: **Lo** (direct object pron/masc-neutral) means **it, him** or **you**. **Venderé** is the **yo/I** future tense conjugation of the verb **vender/to sell**. Because **venderé** is unique to **yo, yo** is usually left unsaid.

All together: **Lo venderé → I will sell it**.

¡OJO! When pronouncing future verb conjugations, stress the **r** of the infinitive as: yo vende**ré**; usted/él/ella vende**rá**; tú/vos vende**rás**; nosotros/as vende**remos**; and ustedes/ellos/ellas vende**rán**.

When ordering object pronouns, **persons** generally come before **things**. Technically, **reflexive** pronouns come before **indirect** object pronouns which come before **direct** object pronouns, known as the RID Rule (**R**eflexive ← **I**ndirect ← **D**irect).

The following examples allow you to test your knowledge of the direct object pronouns **lo/it-him** and **la/it-her**, and the indirect object pronoun **le/him-her**. Note carefully that the pronoun combinations **le lo** and **le la** always convert to **se lo** and **se la**. The reason is that **se lo** and **se la** sound better to the Spanish ear. To differentiate the pronouns below, direct objects are in **bold**, and indirect objects are in *bold italics*. In order to test yourself, cover one of the below columns before you begin.

Examples/Ejemplos - Inglés → Spanish:

I will sell the **helmet**.	Venderé el **casco**.
I will sell **it**.	**Lo** venderé.
I will sell the **bicycle**.	Venderé la **bicicleta**.
I will sell **it**.	**La** venderé.
I will sell the **helmet** to *John*.	Venderé el **casco** a *Juan*.
I will sell **it** to *John*.	**Lo** venderé a *Juan*.
I will sell the **helmet** to *him*.	*Le* venderé el **casco**.
I will sell **it** to *him*.	*Se* **lo** venderé.
I will sell the **bicycle** to *Mary*.	Venderé la **bicicleta** a *María*.
I will sell **it** to *Mary*.	**La** venderé a *María*.
I will sell the **bicycle** to *her*.	*Le* venderé la **bicicleta**.
I will sell **it** to *her*.	*Se* **la** venderé.
I will sell **John** to *Mary*.	Venderé a **Juan** a *María*.*
I will sell **John** to *her*.	*Le* venderé a **Juan**.*
I will sell **him** to *Mary*.	**Lo** venderé a *María*.
I will sell **him** to *her*.	*Se* **lo** venderé.
I will sell **you** (Mary) to *John*.	**La** venderé a *Juan*.
I will sell **you** (Mary) to *him*.	*Se* **la** venderé.
I will sell **him** to *you* (Mary).	*Se* **lo** venderé.

* Personal a.

¿Cómo se dice **I arrived two hours ago** en español?

La Perla: **Two hours ago** goes Spanish as **hace dos horas**/**it makes two hours**.

Llegué hace dos horas: Llegué is the **yo/I** simple past tense conjugation of the verb **llegar/to arrive**. **Hace**, from the verb **hacer/to make-to do**, is the present tense conjugation for an unstated **él/it** representing **tiempo** (noun/masc)/**time**. **Dos** (adj) means **two**, and una **hora** (noun/fem) is an **hour**. **Hora** goes plural as **horas**.

All together: **Llegué hace dos horas** → I arrived it makes two hours/I arrived two hours <u>ago</u>.

¡OJO! The above sentence can be reversed in Spanish with **que/that**: **Hace dos horas que llegué** → **It makes** two hours that I arrived/**Two hours** ago I arrived.

Examples/Ejemplos:

Salí de la casa **hace treinta minutos**. I left the house **thirty minutes ago**.
Vine a Valparaíso **hace cinco días**. I came to Valparaiso **five days ago**.
Ella alquiló mi casa **hace** apenas **una semana**. She rented my house barely **one week ago**.
Abrimos nuestro restaurante **hace veinte años**. We opened our restaurant **twenty years ago**.
Fui a España **hace dos meses**. I went to Spain **two months ago**.
Hace dos meses que fui a España. **Two months ago** I went to Spain.
¿Llegaste **hace cuánto**? You arrived **it makes how much?**/You arrived **how long ago?**
¿**Hace cuánto que** llegaste? **It makes how much that** you arrived?/**How long ago** did you arrive?

¿Cómo se dice **whatever** en español?

La Perla: There are two ways to use **lo que sea:** 1) As an expression of indifference: ¿Quieres el helado de chocolate o vainilla?/Do you want chocolate or vanilla ice cream? **Lo que sea/Whatever**; or 2) In a sentence: Quiero **lo que sea** mejor para ti/I want **what may be** best for you-I want **whatever is** best for you.

¡OJO! Spanish conveys uncertainty when a verb is conjugated in the subjunctive. English conveys uncertainty by adding **may**, or **might**, and sometimes **ever**.

Lo que sea: **Lo** (definite article/neutral) means **the**. In keeping with its neutrality, **lo** translates best (albeit awkwardly) as **the thing**. **Que** (relative pron/invariable) means **that**. Together, **lo que** (relative pron/neutral)/**the thing that** translates best to English as just **what**. Conjugated for **lo que, sea** is the present tense subjunctive conjugation of the verb **ser/to be**. The uncertainty conveyed by **sea** can be expressed as **may be** or **ever**.

All together: **Lo que sea** → The thing that may be/<u>What</u> may be/<u>Whatever</u>

With an extra **sea** up front: **Sea lo que sea** → It may be what may be/Whatever it may be

Examples/Ejemplos:

¿Qué quieres hacer?/What do you want to do? **Lo que sea/Whatever**.
Deberías hacer **lo que sea** mejor para ti. You should do **what may be** best for you.
Deberías hacer **lo que sea** mejor para ti. You should do **whatever is** best for you.
Estoy listo para **lo que sea**. I am ready for **whatever**.
Él come **lo que sea** orgánico. He eats **whatever is** organic.
Él come **lo que esté** disponible. He eats **whatever is** available.
Haré **lo que sea** necesario. I will do **whatever is** necessary.
Hice **lo que fuera** necesario. I did **whatever was** necessary.
Sea lo que sea, no lo quiero. **Whatever it may be**, I do not want it.

¿Cómo se dice **the sun rises at seven** en español?

El sol sale a las siete: El **sol** (noun/masc) is the **sun**. **Sale**, from the verb **salir/to go out-to leave-to exit**, is the present tense conjugation for el **sol**. **A** (prep) means **to**. While there is no preposition in Spanish for **at**, **a/to** often translates to English as **at**. **Las** (definite article/fem)/**the** conforms for number and gender to **siete** (pron/fem)/**seven**, representing **horas** (noun/fem)/**hours**.

All together: **El sol sale a las siete → The sun goes out-leaves-exits to the seven/The sun rises at seven**.

Examples/Ejemplos:

¿A qué hora **sale** el sol? At what time does the sun **rise?**
Hoy, el sol **sale** a las siete. Today, the sun **rises** at seven.
Mañana, el sol **sale** a las siete y pico. Tomorrow, the sun **rises** a little after seven.
Mirá, el sol **está saliendo**.* Look, the sun **is rising**.
Ayer, el sol **salió** un poco antes de las siete. Yesterday, the sun **rose** a little before seven.
Hace una semana, el sol **salió** a las siete menos cuarto. A week ago, the sun **rose** at six forty-five.

Related Vocabulary:

Sunrise/Dawn = La **salida del sol**/El **amanecer** (noun/masc)/El **alba** (noun/fem)**
To get light/To dawn = **Amanecer** (verb)
Twilight (the period between sunset and full night, or between full night and sunrise) = El **crepúsculo** (noun/masc)
From midnight to sunrise = La **madrugada**

* **Mirá** is the informal **vos/you** imperative conjugation of the verb **mirar/to look**. **Mira** is the informal **tú/you** imperative conjugation.
** **Alba**, like **agua**, is an innately feminine noun. However, **alba** and **agua** both take masculine articles when singular (because it sounds right). **Un alba/El alba**. **Un agua/El agua**. Any accompanying adjectives, however, must conform for the innate gender of the noun. El **alba** es **hermosa**/The **dawn** is **beautiful**. Prefiero el **agua fría**/I prefer the **water cold**.

¿Cómo se dice **the sun sets at eight** en español?

El sol se pone a las ocho: El **sol** (noun/masc) is the **sun**. **Se pone**, from the reflexive verb **ponerse/to put itself**, is the present tense conjugation for el **sol**. **A** (prep) means **to**. While there is no preposition in Spanish for **at**, **a/to** often translates to English as **at**. **Las** (definite article/fem)/**the** conforms for number and gender to **ocho** (pron/fem)/**eight**, representing **horas** (noun/fem)/**hours**.

All together: **El sol se pone a las ocho** → The sun puts itself to the eight/The sun <u>sets</u> <u>at</u> eight.

Examples/Ejemplos:

¿A qué hora **se pone** el sol? At what time does the sun **set**?
Hoy, el sol **se pone** a las ocho. Today, the sun **sets** at eight.
Mañana, el sol **se pone** un poco antes de las ocho. Tomorrow, the sun **sets** a little before eight.
Mirá, el sol **está poniéndose**.* Look, the sun **is setting**.
Anoche, el sol **se puso** a las ocho y pico. Last night, the sun **set** a little after eight.
Hace una semana, el sol **se puso** a las ocho y cuarto. A week ago, the sun **set** at eight fifteen.

Related Vocabulary:

Sunset/Dusk = La **puesta del sol**/El **atardecer** (noun/masc)/El **anochecer** (noun/masc)
To get dark = **Atardecer** (verb)/**Anochecer** (verb)
Twilight (the period between sunset and full night, or between full night and sunrise) = El **crepúsculo** (noun/masc)
From midnight to sunrise = La **madrugada**

* **Mirá** is the informal **vos/you** imperative conjugation of the verb **mirar/to look**. **Mira** is the informal **tú/you** imperative conjugation.

¿Cómo se dice **it is not your fault** en español?

No es tu culpa: **No** (adv) means **no/not**. From the verb **ser/to be**, **es** is the present tense conjugation for an unstated **él-ella-ello/it**. Whatever **it** may be, **él/ella/ello** are usually left unsaid in Spanish. **Tu** (possessive adj) means **your**. La **culpa** (noun/fem), from the verb **culpar/to blame**, means **blame** or **fault**. In this expression, **culpa** translates best as **fault**.

All together: **No es tu culpa** → **It is not your fault**.

¡OJO! **Culpa** may also be used with the Spanish verb **tener/to have** as **No tienes la culpa** → **You do not have the blame/fault**, which in turn translates best with the verb **to be** as **You are not to blame/You are not at fault**.

¡OJO! Una **disculpa** (noun/fem) is an **apology**. Te debo una **disculpa** → I owe you an **apology**.

Examples/Ejemplos:

Es tu **culpa**. It is your **fault**.
¡Esto no es mi **culpa**! This is not my **fault**!
No es nuestra **culpa**. It is not our **fault**.
No puede ser mi **culpa**. It cannot be my **fault**.
La **culpa** es tuya. The **fault** is yours.
No **tienes** la **culpa**. You **are** not **at fault**.
Nadie **tiene** la **culpa**. No one **is to blame**.
Me debe una **disculpa** (usted). You owe me an **apology**.*
Me debes una **disculpa** (tú). You owe me an **apology**.*
Me debés una **disculpa** (vos). You owe me an **apology**.*
Te debo una **disculpa**. I owe you an **apology**.*
Le debo una **disculpa**. I owe you-him-her an **apology**.*
A ella le debo una **disculpa**. I owe an apology **to** her/I owe **her** an **apology**.*
Les debo una **disculpa**. I owe y'all-them an **apology**.*
A ustedes les debo una **disculpa**. I owe an apology **to** y'all/I owe **y'all** an **apology**.*

* Here, **me, te, le** and **les** are all <u>indirect</u> object pronouns. Una **disculpa** is a <u>direct</u> object. While **me, te, le** and **les** never take a preposition in Spanish, they can be clarified (or emphasized) with **a** mí/**to** me, **a** ti-vos/**to** you, **a** usted-él-ella/**to** you-him-her or **a** ustedes-ellos-ellas/**to** y'all-them. Because **le** can represent **you, him** and **her**, and **les** can represent **y'all** and **them**, it is more common to clarify **le** (with **a** usted, **a** él or **a** ella) and **les** (with **a** ustedes, **a** ellos or **a** ellas).

¿Cómo se dice **what a surprise!** en español?

La Perla: **Qué** (exclamatory adj)/**what** goes with nouns, and **qué** (exclamatory adv)/**what** goes with adjectives.

Qué + noun/adjective form an exclamatory expression. The English equivalents, however, are usually a bit different. When **what** is paired with a singular **noun**, the indefinite article a/an is often added. When **what** is paired with an **adjective, what** changes to how, or is dropped altogether.

¡OJO! Don't sweat the Spanish, all you need to know is: **¡Qué + noun/adjective!**

¡Qué sorpresa!: **Qué** (exclamatory adj)/**What** goes with a noun. Una **sorpresa** (noun/fem), from the verb **sorprender/to surprise**, is a **surprise**.

All together: **¡Qué sorpresa!** → **What surprise!/What a surprise!**

Examples/Ejemplos - Español → English:

Qué (exclamatory adj) + **Noun:** With a singular **noun**, generally add a/an in English.

¡**Qué** sorpresa!	→ **What** a surprise!
¡**Qué** desastre!	→ **What** a disaster!
¡**Qué** lástima!	→ **What** a shame!
¡**Qué** horror!	→ **What** a horror!
¡**Qué** vista!	→ **What** a view!
¡**Qué** vergüenza!	→ **What** an embarrassment!
¡**Qué** locura!	→ **What** madness!
¡**Qué** mentiras!	→ **What** lies!

Qué (exclamatory adv) + **Adjective:** **Qué/What** changes to how in English, or is dropped altogether. Note that the **adjective** refers to an unstated **noun**, which in Spanish may be masculine or feminine, singular or plural. Accordingly, be careful to conform the Spanish **adjective** for gender and number. If referring to someone's son, for example, ¡**Qué maravilloso!/How** marvelous! When referring to someone's daughters, however, ¡**Qué maravillosas!/How** marvelous! When referring to something other than a specific noun, use the neutral form of the **adjective**. Terminamos a tiempo/We finished on time. ¡**Qué maravilloso!/How** marvelous!

¡**Qué** maravilloso/a!	→ How marvelous!/Marvelous!
¡**Qué** increíble!	→ How incredible!/Incredible!
¡**Qué** loco/a!	→ How crazy!/Crazy!
¡**Qué** vergonzoso/a!	→ How embarrassing!
¡**Qué** rico/a!	→ How delicious!/Delicious! (literally, How rich!)
¡**Qué** horrible!	→ How horrible!/Horrible!
¡**Qué** lindo/a!	→ How handsome-pretty!
¡**Qué** bueno/a!	→ That's good!/Great!
¡**Qué** bárbaro/a!	→ Great!/Brilliant!/Awesome

¿Cómo se dice how does one spell Spain? en español?

La Perla: Rather than ask how to spell a word, in Spanish one asks how to escribir/to write a word.

¿Cómo se escribe España?:
Cómo (interrogative adv) means **how**. From the reflexive verb **escribirse/to write itself**, **se escribe** is the present tense conjugation for **España** (noun/fem)/**Spain**. Just like ¿Cómo se dice?, ¿Cómo se escribe? is a reflexive construction known as the impersonal **se**. Literally meaning **How does Spain write itself?**, ¿Cómo se escribe España? translates more naturally to impersonal English (with the verb to spell) as **How does one spell Spain?** or **How do you spell Spain?**

Words beginning with **sc, sp** or **st** do not exist in Spanish. Looked at another way, English words beginning with **sc, sp** and **st** go Spanish starting with **esc, esp** and **est**. Sometimes called the Spanish **ES** words, a few examples are: school → escuela; scanner → escáner; Spain → España; special → especial; stress → estrés; and student → estudiante.

All together: ¿Cómo se escribe España? → How does Spain write itself?/How does one spell Spain?-How do you spell Spain?

¡OJO! While not commonly used in Spanish, you can also ask how to spell with the reflexive verb **deletrearse/to spell itself**: ¿Cómo se deletrea España? → How does Spain spell itself?/How does one spell Spain?-How do you spell Spain?

The answer to ¿Cómo se escribe España?/¿Cómo se deletrea España? is the same: e - ese - pe - a - eñe - a

The **phonetic spellings** of the letters of the alphabet are shown below in **bold italics**. These are the phonetic spellings recommended by la Real Academia Española/RAE. Bear in mind that phonetic spellings may vary a bit by country or region.*

a, A	b, B	c, C	d, D	e, E	f, F	g, G	h, H	i, I
a	*be*	*ce*	*de*	*e*	*efe*	*ge*	*hache*	*i*

j, J	k, K	l, L	m, M	n, N	ñ, Ñ	o, O	p, P	q, Q
jota	*ka*	*ele*	*eme*	*ene*	*eñe*	*o*	*pe*	*cu*

r, R	s, S	t, T	u, U	v, V	w, W	x, X	y, Y	z, Z
erre	*ese*	*te*	*u*	*uve*	*uve doble*	*equis*	*ye*	*zeta*

* The variations for Argentina are: b, B/***be larga***; r, R/***ere***; v, V/***ve corta***; w, W/***doble ve***; and y, Y/***y griega***.

¿Cómo se dice **what is it?** en español?

La Perla: While rarely stated in Spanish, **it** is always stated in English.

¿Qué es?: Qué (interrogative pron/invariable) means **what**. Invariable means that **qué** has only one form (**qué** does not change for gender or number). **Es** is the singular present tense **qué/what** conjugation of the verb **ser/to be**. An unstated **ello** (pron/neutral) means **it**. The neutral **ello** applies here because **it** is unknown (thus the reason to ask the question).

All together: ¿Qué es? → **What is it?**

If plural: ¿Qué son? → **What are they?**

When **it** becomes known, and if **it** refers to a specific noun, then gender will attach and **él** (pron/masc) or **ella** (pron/fem) will take the place of **ello**. While **él** and **ella** will likely remain unsaid, take care to conform any adjective associated with **él/ella** for gender.

Examples/Ejemplos (Spanish pronouns stated):

¿Qué es **ello**? **What** is **it**?
Él es el **logo** de la compañía.* **It** is the company **logo**.
Él es maravillos**o**. **It** is marvelous.
Técnicamente, **ella** es una **marca** registrada. Technically, **it** is a trade**mark**.
Ella todavía es maravillos**a**. **It** still is marvelous.
¿Diseñar un buen logo es importante? To design a good logo is important?
Sí, **ello** es crític**o**.** Yes, **it** is critical.

Examples/Ejemplos (Spanish pronouns unsaid):

¿Qué es? **What** is **it**?
Es el **logo** de la compañía.* **It** is the company **logo**.
Es maravillos**o**. **It** is marvelous.
Técnicamente, es una **marca** registrada. Technically, **it** is a trade**mark**.
Todavía es maravillos**a**. **It** is still marvelous.
¿Diseñar un buen logo es importante? To design a good logo is important?
Sí, es crític**o**.** Yes, **it** is critical.

* El **logotipo** (noun/masc) may also be used for **logo**.
** The neutral **ello** is applicable because **it** stands not for a specific noun but for diseñar un buen logo/to design a good logo. The masculine form of a Spanish adjective also doubles as the neutral form. As such, **crítico** goes with the neutral **ello**.

¿Cómo se dice grapefruit juice en español?

La Perla: In Spanish, a **noun** is a **noun** is a **noun**. In English, however, a **noun** is often used as an adjective.

¡OJO! Apply this key: **1) Nouns** are in **bold black**; **2) Nouns used as adjectives** are in bold green; **3)** *Prepositions* are in *italics*; and **4)** *Verb forms* are in ***bold italics***.

Jugo *de* pomelo: Un **jugo** (noun/masc) is a **juice**. *De* (prep) means *of/from*. Un **pomelo** (noun/masc) is a **grapefruit**. Una **toronja** (noun/fem) is also a **grapefruit**.

All together: **Jugo** *de* **pomelo** → **Juice** *of* grapefruit/Grapefruit **juice**

As seen above, the English noun **grapefruit** can be used as an adjective in the combination grapefruit **juice**. While this is not possible in Spanish, the equivalent is achieved by inserting a preposition (usually *de/of*, and sometimes *a/to*) between two nouns as with **jugo** *de* **pomelo**. In fruit-like fashion, one can also say **jugo** *de* **manzana**/apple **juice**, **jugo** *de* **naranja**/orange **juice**, **jugo** *de* **cereza**/cherry **juice**, and more.*

¡OJO! This *¿Cómo se dice?* is a **vocabulary builder!** Examples/Ejemplos:

Una **clínica** *de* **corazón** = a heart **clinic**; una **casa** *de* **vidrio** = a glass **house**; una **campera/chaqueta** *de* **lana** = a wool **jacket**; una **casa** *de* **huéspedes** = a guest **house**; un **auto** *de* **$60.000** = a $60,000 **auto**; un **anillo** *de* **plata** = a silver **ring**; un **corte** *de* **pelo** = a hair**cut**; una **luna** *de* **miel** = a honey**moon**; un **dolor** *de* **cabeza** = a head**ache**; los **anteojos** *de* **sol** = the sun**glasses**; las **gafas** *de* **sol** = the sun**glasses**; una **playa** *de* **arena** = a sand **beach**; un **arrecife** *de* **coral** = a coral **reef**; los **palos** *de* **golf** = the golf **clubs**; un **accidente** *de* **tráfico** = a traffic **accident**; una **mesa** *de* **billar** = a pool **table**; las **lentes** *de* **contacto** = the contact **lenses**; el **azúcar** *de* **caña** = cane **sugar**; la **caña** *de* **azúcar** = sugar **cane**; el **aceite** *de* **oliva*** = the olive **oil**; and una **conexión** *a* **internet** = an internet **connection**. In some cases, both Spanish and English use a preposition between two nouns: un **corazón** *de* **oro** = a **heart** *of* **gold**; una **copa** *de* **vino** = a **glass** *of* **wine** (Spanish uses **copa/cup**, whereas English uses **glass/vaso**); and los **Estados Unidos** *de* **América** = the **United States** *of* **America**.

A Spanish **noun** may also be linked by *de* to a *verb infinitive*. On the English side of it, the *ing verb* form is usually used: una **máquina** *de* ***coser*** = a *sewing* **machine**; una **máquina** *de* ***remar*** = a *rowing* **machine**; una **mesa** *de* ***escribir*** = a *writing* **table**; una **máquina** *de* ***escribir*** = a *type***writer**; una **bolsa** *de* ***dormir*** = a *sleeping* **bag**; un **saco** *de* ***dormir*** = a *sleeping* **bag**; una **licencia** *de* ***conducir-manejar*** = a *driver*-*driver's*-*driving* **license**; and una **silla** *de* ***montar*** = a **saddle**.

* Sometimes a Spanish **fruit** is a <u>feminine</u> noun, while the **tree** from which it comes is a <u>masculine</u> noun.

Una **manzana** (fem)	=	An **apple**	→	Un **manzano** (masc)	=	An **apple tree**
Una **naranja** (fem)	=	An **orange**	→	Un **naranjo** (masc)	=	An **orange tree**
Una **cereza** (fem)	=	A **cherry**	→	Un **cerezo** (masc)	=	A **cherry tree**
Una **oliva** (fem)	=	An **olive**	→	Un **olivo** (masc)	=	An **olive tree**

¿Cómo se dice **what is that?** en español?

¿Qué es eso?: **Qué** (interrogative pron/invariable) means **what**. Invariable means that **qué** has only one form (**qué** does not change for gender or number). **Es** is the present tense **qué/what** conjugation of the verb **ser/to be**. **Eso** (demonstrative pron/neutral) means **that**. The <u>neutral</u> **eso** is used because **that** is <u>unknown</u> (thus the reason to ask the question).

All together: **¿Qué es eso?** → **What is that?**

When **that** becomes known, and if **that** refers to a <u>specific</u> noun (nouns have <u>gender</u> in Spanish), then **eso** will change to **ese** (demonstrative pron/masc) or **esa** (demonstrative pron/fem).

Gender Neutral	Masculine/Mixed	Feminine
Eso/That →	Ese/That	Esa/That
Esos/Those →	Esos/Those	Esas/Those

¡OJO! Add the letter **t** and you have the demonstrative pronouns **es**t**o/es**t**e/es**t**a** meaning **this**, and **es**t**os/es**t**as** meaning **these**.

¡OJO! Demonstrative pronouns are often used when pointing at something.

Examples/Ejemplos:

¿Qué es **eso**? What is **that**?
Ese es un **colchón**. **That** is a **mattress**.
Esa es una **manta**. **That** is a **blanket**.
¿Qué son **esos**? What are **those**?
Esos son **cubrecamas**. **Those** are **bedspreads**.*
Esas son **almohadas**. **Those** are **pillows**.
¿Qué es **es**t**o**? What is **this**?
Est**e** es un **somier**. **This** is a **box spring**.
Est**a** es una **toalla**. **This** is a **towel**.
¿Qué son **es**t**os**? What are **these**?
Est**os** son **edredones**. **These** are **quilts**.**
Est**as** son **sábanas**. **These** are **sheets**.

* **Cubrecamas** (noun/masc) comes from the verb **cubrir/to cover** and **cama** (noun/fem)/**bed** by combining the present tense conjugation **cubre** with the plural **camas**: **cubre camas**/**it covers beds** → un **cubrecamas**/a **bedspread**. In plural form, unos **cubrecamas** → some **bedspreads**.
** Un **edred**ó**n** (noun/masc) when singular; also known as una **colcha** (noun/fem)/a **quilt**.

¿Cómo se dice **I do not believe that** en español?

La Perla: As a neutral pronoun, **eso/that** does not (cannot) represent a specific noun. **Eso/That** respectively represent: **El día de Navidad, Andrés corrió desnudo por la Avenida de las Américas → On Christmas day, Andrew ran naked down the Avenue of the Americas.**

Yo no creo eso: **No** (adv) means **no/not**. **Creo** is the **yo/I** present tense conjugation of the verb **creer/to believe**. While it is not generally necessary to state **yo** in Spanish, **yo** is stated here to emphasize the speaker's disbelief. **Eso** (demonstrative pron/neutral) means **that**.

All together: **Yo no creo eso → I do not believe that**.

The neutral eso does not (cannot) represent a specific noun (nouns have gender in Spanish). If a specific noun becomes known, **eso** will change to **ese** (demonstrative pron/masc) or **esa** (demonstrative pron/fem).

¡OJO! Below, **lo que** (relative pron/neutral)/**what** respectively represent: **El día de Navidad, Andrés corrió desnudo por la Avenida de las Américas → On Christmas day, Andrew ran naked down the Avenue of the Americas.** **El que** (relative pron/masc), which refers to **Andrés**, translates best here as **he who**.

Yo no creo **eso**	→ I do not believe **that**.
En serio, es **lo que** Andrés hizo	→ Seriously, it is **what** Andrew did.
Eso no es posible	→ **That** is not possible.
Conoces a Andrés, **el que** no es tímido	→ You know Andrew, **he who** is not shy.
Aun Andrés no haría **eso**	→ Even Andrew would not do **that**.
Cientos de personas vieron **lo que** sucedió	→ Hundreds of people saw **what** happened.
Él no podía haber hecho **eso**	→ He could not have done **that**.
Es **lo que** siempre quiso hacer	→ It is **what** he always wanted to do.
¿Tú crees **eso**?	→ You believe **that**?
Yo creo **lo que** vi	→ I believe **what** I saw.

¿Cómo se dice **what are you doing this weekend?** en español?

¿Qué haces este finde?: **Qué** (interrogative pron/invariable) means **what**. **Haces** is the informal present tense **tú/you** conjugation of the verb **hacer/to do-to make**. **Hacés** is the informal present tense **vos/you** conjugation. **Este** (demonstrative adj/masc) means **this**. **Finde** (noun/masc), short for **fin de semana/end of week**, means **weekend**.

All together: **¿Qué haces este finde? → What are you doing this weekend?**

As the weekend approaches, **¿Qué hacer?/What to do?** is a common topic of conversation. With friends and classmates, this discussion is usually in the familiar **tú** or **vos**. With your Spanish professor, you may want to use the formal **usted/you**.

Examples/Ejemplos:

Before the weekend:

¿Qué haces/hacés este finde (tú/vos)? **What are** you **doing** this weekend?
Profesor, **¿qué hace** este fin de semana (usted)? Professor, **what are** you **doing** this weekend?
¿Qué vas a **hacer** este finde (tú/vos)? **What are** you going **to do** this weekend?
¿Qué quieres/querés **hacer** el sábado (tú/vos)? **What** do you want **to do** on Saturday?
No sé, pero no quiero **hacer** la tarea. I do not know, but I do not want **to do** the homework.
Yo tampoco, pero no sé **qué hacer**.* Me neither, but I don't know **what to do**.

After the weekend:

¿Qué hiciste este finde (tú/vos)? **What did** you **do** this weekend?
¿Qué hizo este fin de semana, profesor (usted)? **What did** you **do** this weekend, professor?
Yo fui a las montañas con amigos. I went to the mountains with friends.
No sabía **qué hacer**, entonces me quedé en casa.* I didn't know **what to do**, so I stayed home.

* **Qué** bearing an accent is not limited to <u>direct</u> questions (enclosed by question marks). **Qué** may also bear un acento/una tilde in an <u>indirect</u> question. No sé **qué** hacer → I do not know **what** to do. See: "Tilde en qué, cuál/es, quién/es, cómo, cuán, cuánto/a/os/as, cuándo, dónde y adónde." *Diccionario de la lengua española*, Real Academia Española, 2020, https://www.rae.es/consultas/tilde-en-que-cuales-quienes-como-cuan-cuantoaosas-cuando-donde-y-adonde.

¿Cómo se dice **I want what you want** en español?

¡OJO! There are two ways to say **what** in Spanish: **1) qué**, which means **what**; and **2) lo que**, which is used like **what** but means **the that**, literally, or **the thing that**, figuratively, as well as **that which** (and a few others). Because **qué** and **lo que** are not generally interchangeable, you must usually choose between **qué/what** and **lo que/what**.

La Perla: **Qué** (interrogative pron/invariable) is used in <u>questions</u>, and **lo que** (relative pron/neutral) outside. **¿Qué** quieres? → **What** do you want? Quiero **lo que** quieres → I want **what** you want.

Quiero lo que quieres:
Quiero is the **yo/I** present tense conjugation of the verb **querer/to want**. **Lo** (definite article/neutral) means **the**. To show its neutrality, **lo** translates best, if awkwardly, as **the thing**. **Que** (relative pron/invariable) means **that**. Together, **lo que** (relative pron/neutral)/**the thing that** usually translates best as just **what**. **Quieres** is the present tense **tú/you** conjugation of the verb **querer/to want**. **Querés** is the present tense **vos/you** conjugation.

All together: **Quiero lo que quieres** → I want the thing that you want/I want <u>what</u> you want.

The **Neutral** Relative Pronoun **Lo Que:** As a rule, a **relative pronoun** must be preceded in a sentence by a **noun** known as the **antecedent**. If not stated, an antecedent **noun** must be <u>understood</u>. The neutral relative pronoun **lo que** does not follow these rules: **1)** The neutral **lo que** does not represent a **noun** (**nouns** have gender in Spanish); **2) Lo que** represents a situation, concept or idea, or even an unknown (but <u>never</u> a specific **noun**). Ser libre es **lo que** quiero/To be free is **what** I want; and **3)** Having no relation to a **noun** (**antecedent** or otherwise), **lo que** may begin a sentence. **Lo que** quiero es ser libre/**What** I want is to be free.

Examples/Ejemplos:

¿**Qué** quieres? **What** do you want?
Lo que quiero es ser feliz. **What** I want is to be happy.
Yo sé **lo que** tiene que suceder. I know **what** has to happen.
Lo que me dijiste no es la verdad. **What** you told me is not the truth.
Somos **lo que** comemos. We are **what** we eat.
Lo que seduce agrada. **That which** seduces pleases.
Lo que quieras.* **What**ever you want.
Lo que ves es **lo que** hay. **What** you see is **what** there is.
Lo que el viento se llevó. **What** the Wind Carried Away/Gone with the Wind.**
Lo que no nos mata nos hace más fuertes. **That which** does not kill us makes us stronger.
Lo que quiero es una camisa roja. **What** I want is a red shirt.
Una camisa roja es **lo que** quiero. A red shirt is **what** I want.

* **Quieras** is the present tense subjunctive conjugation for **tú-vos/you**.
** *Gone with the Wind* (1939), Selznick International Pictures, starring Clark Gable, Vivien Leigh, Leslie Howard, Olivia de Havilland, Hattie McDaniel and Butterfly McQueen.

¿Cómo se dice **the red shirt is the one that I want** en español?

La Perla: The gender-based relative pronouns **el que** and **la que** make it possible to specify **the one that/the one**.

La camisa roja es la que quiero
La (definite article/fem) means **the**. Una **camisa** (noun/fem) is a **shirt**. **Rojo/a** (adj) means **red**. **Es**, from the verb **ser/to be**, is the present tense conjugation for la **camisa**. **La** (definite article/fem) means **the**. **Que** (relative pron/invariable) means **that**. Together, **la que** (relative pron/fem) means **the one that**, or simply **the one**. **Quiero** is the present tense **yo/I** conjugation of the verb **querer/to want**.

All together: **La camisa roja es la que quiero** → **The red shirt is the one that I want**.

¡OJO! **Que** may be dropped in English: La camisa roja es **la que** quiero → The red shirt is **the one** I want.

¡OJO! In this symmetrical statement, **la camisa roja es la que** may be reversed: **La que** quiero es la camisa roja → **The one that** I want **es** the red shirt.

Examples/Ejemplos:

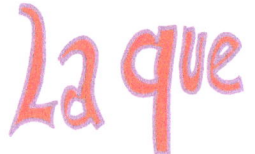

La camisa roja es **la que** quiero. **The red shirt** is **the one that** I want.
La que quiero es **la camisa roja**. **The one that** I want is **the red shirt**.
El sombrero blanco es **el que** quiero. **The white hat** is **the one** I want.
El que quiero es **el sombrero blanco**. **The one** I want is **the white hat**.
Una camisa roja es **lo que** quiero. A red shirt is **what** I want.
Lo que quiero es una camisa roja. **What** I want is a red shirt.

¿Cómo se dice **I am pleased to see you** en español?

La Perla: La Academia Real Española/RAE defines the reflexive verb **alegrarse** as **recibir o sentir alegría/to receive or to feel joy.*** In turn, **Me allegro de verte**, literally **I myself receive/feel joy from to see you**, translates more naturally to English as **I am pleased/glad/happy to see you**.

Me alegro de verte: **Me** (reflexive pron) means **myself**. **Me alegro** is the present tense **yo/I** conjugation of the reflexive verb **alegrarse/to be pleased-to be glad-to be happy**. **De** (prep) means **from/of**. **Ver** is the verb infinitive for **to see**. **Te** (direct object pron) means **you**.

¡OJO! A reflexive verb often takes a following preposition as with **alegrarse de**.

All together: **Me alegro de verte** → **I myself receive-feel joy from to see you/I am pleased-glad-happy to see you**.

Related Vocabulary: **Alegría** (noun/fem) means **joy**.

Examples/Ejemplos:

Me alegro de estar aquí. **I am pleased** to be here.
Me alegro mucho de ver a Isabel. **I am very glad** to see Elizabeth.
Ella se alegra de verme también. **She is happy** to see me too.
Nos alegramos de conocerte. **We are pleased** to meet you.
¿Te alegras de verme? **Are you happy** to see me?
Me alegro de que disfrutaras la clase.** **I'm glad** that you enjoyed the class.
Me alegro de que estés acá.** **I am pleased** that you are here.
Me alegro de verte. **I am pleased** to see you.
Me alegra verte.*** **It pleases me** to see you.
¡Qué **alegría** verte! What a **joy** to see you!

* "Alegrar," *Diccionario de la lengua española*, Real Academia Española, 2019, dle.rae.es/alegrar. Accessed 20 August 2020.
** **Disfrutaras** is the past tense subjunctive conjugation for the familiar **tú/vos**, and **estés** is the present tense subjunctive conjugation for the familiar **tú/vos**.
*** With the non-reflexive verb **alegrar**, meaning **to please/to gladden/to make happy**, omit the preposition **de** following **alegra**.

¿Cómo se dice **do you think it is a good idea?** en español?

La Perla: This lesson is about responding to questions in the form que sí or que no. ¿Piensas que es una buena idea?/Do you think that it is a good idea? Pienso que sí/I think yes-I think so. Pienso que no/I think not.

¿Piensas que es una buena idea?: Piensas is the **tú/you** present tense conjugation of the verb **pensar/to think**. Que (conj) means **that**. Que is required in Spanish, whereas **that** is often optional in English. **Es**, from the verb **ser/to be**, is the present tense conjugation for an unstated **él/ella/ello** (subject pronoun)/**it**.* **Buena** (adj/fem) means **good**. Una **idea** (noun/fem) is an **idea**.

All together: ¿Piensas que es una buena idea? → Do you think that it is a good idea?/Do you think it is a good idea?

Full Response: **Pienso** que sí **es una buena idea** → I think that yes it is a good idea/Yes, I think it is a good idea.

Shorthand Response: **Pienso** que sí → I think that yes/I think so.

Examples/Ejemplos: Responses to ¿Piensas que es una buena idea?

Pienso que sí → I think so.
Pienso que no → I think not.

Creo que sí → I believe so.
Creo que no → I do not believe so.

Supongo que sí → I suppose so.
Supongo que no → I suppose not.

Por supuesto que sí → Yes, of course.
Por supuesto que no → Of course not.

Digo que sí → I say yes.
Digo que no → I say no.

Claro que sí → Clearly yes/Yes, of course.
Claro que no → Clearly no/Of course not.

* For example, **él/ella/ello** might represent **él/it** → el **celibato** (noun/masc)/**celibacy**, or **ella/it** → la **castidad** (noun/fem)/**chastity** or **ello/it** → practicar sexo seguro/to practice safe sex.

¿Cómo se dice how do I get there? en español?

La Perla: **How do I get there?** in Spanish is **¿Cómo llego?/How do I arrive?**

¿Cómo llego?:
Cómo (interrogative adv) with an accent means **how**. **Como** (adv) without an accent means **as** or **like**. **Llego** is the **yo/I** present tense conjugation of the verb **llegar/to arrive**.

¡OJO! In English, **How do I get?** cries out for more: How do I **get there?**; How do I **get downtown?**; How do I **get baseball tickets?**; How do I **get happy?**; and so on. **How do I get?** alone does not work.

¡OJO! In Spanish, however, **¿Cómo llego?** works all by itself. ¿Quieres venir a la fiesta? → Do you want to come to the party? Por supuesto, **¿cómo llego?** → Of course, **how do I arrive?**

All together: **¿Cómo llego?** → **How do I arrive?/How do I <u>get</u> <u>there</u>?**

> **When visiting Buenos Aires:** Known simply as **¿Cómo llego?**, the city of Buenos Aires offers a website and app to help you plan your route **a pie**/on foot, **en bici**/on bicycle or **en/por colectivo**/bus, **subte**/subway, **tren**/train or **auto**/car (https://mapa.buenosaires.gob.ar).*

 **With Google maps:** Click the arrow for **Cómo llegar/How to arrive** and enter un **punto de partida**/point of departure and un **lugar de destino**/place of destination to generate la **ruta**/route and las **indicaciones**/directions.

¡OJO! When stopping someone on the street for directions, you will need to tell your **destino/destination**: ¿Cómo llego a **Plaza Italia?** → How do I get to **Plaza Italia?**

Examples/Ejemplos:

¿Cómo llego? **How do I arrive?/How do I get** there?
¿Cómo llego en tren? **How do I get** there by train?
¿Cómo llego a la escuela? **How do I get** to the school?
¿Cómo llego al zoológico a pie? **How do I get** to the zoo on foot?
Perdón, ¿cómo puedo llegar a la Plaza Serrano? Excuse me, **how can I get** to Plaza Serrano?
¿Cómo llego a la intersección de Perú y México? **How do I get** to the intersection of Peru and Mexico?
¿Cómo llegamos del museo a la estación de tren? **How do we get** from the museum to the train station?

* Modes of transportation may have different names depending on locale: a **bus** may be called un **bus**, un **autobús**, un **colectivo** (common to Buenos Aires) or un **bondi** (also common to Buenos Aires); the **subway** may be called el **metro** or el **subte**; and an **auto** may be called un **auto**, un **coche** or un **carro**.

¿Cómo se dice **I live on the ground floor** en español?

La Perla: In Latin America and Europe, la **planta baja** is the **ground floor**, and the next floor up is la **primera planta**/the **first floor**, and so on. In the United States and Canada, however, the **ground floor** is the **first floor**, and the next floor up is the **second floor**, and so on.

Vivo en la planta baja: Vivo is the **yo/I** present tense conjugation of the verb **vivir/to live**. **En** (prep) means **on**, as well as **in**. **La** (definite article/fem) means **the**. Una **planta** (noun/fem) is a **floor**. Una **planta** is also a **plant**, as in una **planta** interior/an indoor **plant**, or una **planta** industrial/an industrial **plant**. **Bajo/a** (adj) means **low**.

All together: **Vivo en la planta baja** → **I live on the low floor/I live on the <u>ground</u> floor**.

¡OJO! An elevator button marked **PB** stands for **Planta Baja**.

Examples/Ejemplos:

Cardinal and Ordinal Numbers: A cardinal number tells how many, such as **1/one, 2/two, 3/three, 4/four, 5/five**. An ordinal number tells the order, or position, such as **1st/first, 2nd/second, 3rd/third, 4th/fourth, 5th/fifth**.

Above la **planta baja**, floors are identified with ordinal numbers (**primero/a, segundo/a, tercero/a**, etcétera), which must agree for <u>gender</u> with la **planta**: la **primera planta**/the **first floor**; la **segunda planta**/the **second floor**; la **tercera planta**/the **third floor**; la **cuarta planta**/the **fourth floor**; la **quinta planta**/the **fifth floor**; la **sexta planta**/the **sixth floor**; la **séptima planta**/the **seventh floor**; la **octava planta**/the **eighth floor**; la **novena planta**/the **ninth floor**; and la **décima planta**/the **tenth floor**. Above la **décima planta**, Spanish generally reverts to cardinal numbers (**once, doce, trece**...), while English continues with ordinal numbers: la **planta once** (floor eleven)/the **eleventh floor**; la **planta doce** (floor twelve)/the **twelfth floor**; la **planta trece** (floor thirteen)/the **thirteenth floor**; and so on.

Un **piso** (noun/masc) also refers to a **floor** of a building.* Above la **planta baja**, the ordinal numbers **primero** and **tercero** shorten to **primer** and **tercer** before **piso**: el **primer piso**/the **first floor**; el **segundo piso**/the **second floor**; el **tercer piso**/the **third floor**; el **cuarto piso**/the **fourth floor**; el **quinto piso**/the **fifth floor**; el **sexto piso**/the **sixth floor**; el **séptimo piso**/the **seventh floor**; el **octavo piso**/the **eighth floor**; el **noveno piso**/the **ninth floor**; and el **décimo piso**/the **tenth floor**. Above el **décimo piso**, Spanish generally reverts to cardinal numbers (**once, doce, trece**...), while English continues with ordinal numbers: el **piso once** (floor eleven)/the **eleventh floor**; el **piso doce** (floor twelve)/the **twelfth floor**; el **piso trece** (floor thirteen)/the **thirteenth floor**; and so on.

* In Spain, un **piso** also means an **apartment** or a **flat**.

¿Cómo se dice **I hear voices** en español?

La Perla: In Latin American Spanish, the letter **z** sounds like the **s** in E**s**paña.

¡OJO! The letter combination **ze** is <u>mostly</u> unknown in Spanish. For example, the English **ze**ro goes Spanish as **ce**ro, and vo**z**/voice goes plural as vo**ces** (not vo**zes**).

Oigo voces: Oigo is the **yo/I** present tense conjugation of the verb **oír/to hear**. Una **voz** (noun/fem) is a **voice**, and the plural of **voz** is vo**ces**/voices.

All together: **Oigo voces → I hear voices**.

Examples/Ejemplos: feli**z** (happy) → feli**ces**; una ve**z** (time/occasion) → unas ve**ces**; la nari**z** (nose) → las nari**ces**; un lápi**z** (pencil) → unos lápi**ces**; la actri**z** (actress) → las actri**ces**; un pe**z** (fish) → unos pe**ces**; la emperatri**z** (empress) → las emperatri**ces**; una nue**z** (nut) → unas nue**ces**; el/la jue**z** (judge)* → los/las jue**ces**; fero**z** (ferocious) → fero**ces**; la lu**z** (light) → las lu**ces**; un disfra**z** (disguise/costume) → unos disfra**ces**; una cicatri**z** (scar) → unas cicatri**ces**; and un avestru**z** (ostrich) → unos avestru**ces**.

More Examples/Más Ejemplos:

Spanish verbs ending in **zar** go to **cé** when conjugated for **yo/I** in the simple past tense. With the verb comen**zar**/to commence, Yo comien**zo** (present)/I commence → Yo comen**cé** (past)/I commenced. With the companion verb empe**zar**/to start-to begin, Yo empie**zo** (present)/I start → Yo empe**cé** (past)/I started. And, with the verb re**zar**/to pray, Yo re**zo** (present)/I pray → Yo re**cé** (past)/I prayed.

A **beer** is una cerve**za** (**za** is perfectly OK in Spanish), while a **pub** or **brewery** is una cerve**cería**.

English nouns starting with **ze** tend to go to **ce** in Spanish. The number **ze**ro goes Spanish as **ce**ro (noun/masc), and a **ze**bra is una **ce**bra (noun/fem).

Exceptions/Excepciones:

The English names for the letter/consonant **z**, namely **ze**e (American English) and **ze**d (British English), go Spanish as **ze**ta (noun/fem). The Greek god **Ze**us is **Ze**us in both English and Spanish. The English name E**ze**kiel is E**ze**quiel in Spanish. And, the country of New **Ze**aland takes the Spanish forms Nueva **Ze**landa or Nueva **Ze**landia.

¡OJO! Most of the time, just say <u>**No**</u> to **ZE** in Spanish!

* A female judge may also be called una jue**za**, which goes plural as unas jue**zas**.

¿Cómo se dice **behave yourself** en español?

La Perla: La Real Academia Española/RAE defines the reflexive verb **portarse/to carry oneself** as: **Mostrar decencia y lucimiento en lo referido al ornato personal y de la casa**, meaning **To show decency and excellence in that which refers to personal attire and the house.*** In turn, **portarse bien/to carry oneself well** translates best to English as **to behave oneself**.

Portate bien: The verb **portar** means **to carry**, and the reflexive verb **portarse** means **to carry oneself**. **Portás** is the present tense **vos/you** conjugation of **portar**, while **portá** is the **vos/you** affirmative imperative conjugation of **portarse**. **Te** (reflexive pron) means **yourself**. In the affirmative imperative, the reflexive pronoun **te** is tacked on directly after the conjugated verb. To maintain the stress of **portá**, alone, the accent is dropped when **te** is tacked on as **portate**. **Bien** (adv) means **well/fine**.

¡OJO! While **portate** needs **bien, well** does not carry over to **behave yourself**.

All together: **Portate bien → Carry yourself well/Behave yourself**.

With **tú/you**: **Pórtate bien → Carry yourself well/Behave yourself**.

In the affirmative imperative, pronouns are tacked on directly after the verb, with an accent added (or taken away) to maintain the stress of the conjugated verb alone. With **vos, portá** goes to **portate** (dropping the accent), while with **tú, porta** goes to **pórtate** (adding the accent).

¡OJO! **Portate bien** and **Behave yourself** are often used with **niños/children**. When your child misbehaves: **¡Portate bien!** As a gentle reminder when your child leaves for school: **Portate bien**. Una **mujer/A wife** may also remind su **marido**/her **husband** (and vice versa): **Portate bien** (where the subtext is **fidelidad/fidelity**).

¡OJO! Note that **vos/tú/usted/ustedes** and **you/y'all** are usually left unsaid in both the Spanish and the English imperative.

Examples/Ejemplos:

Vos/Portá:	**Portate bien**	→ Behave yourself.
Tú/Porta:	**Pórtate bien**	→ Behave yourself.
Usted/Porte:	**Pórtese bien**	→ Behave yourself.
Ustedes/Porten:	**Pórtense bien**	→ Behave yourselves.

* "Portar," *Diccionario de la lengua española*, Real Academia Española, 2019, dle.rae.es/portar. Accessed 20 August 2020.

¿Cómo se dice **now that** en español?

La Perla: While not a hard rule, **ya** often translates as **now** in the present, and as **already** in the past.

Ya que: Ya (adv) often translates in the present as **now**. Que (conj) means **that**. Together, **ya que** means **now that**. **Ya que** may also be seen in translation to English as **since**.

All together: **Ya que → Now that/Since**

Examples/Ejemplos:

Ya que estoy acá, quiero salir. **Now that** I am here, I want to leave.
Nos encanta viajar en España **ya que** hablamos español. We love to travel in Spain **now that** we speak Spanish.
Ya que tengo veintiún años, puedo beber whisky. **Now that/Since** I am twenty-one, I can drink whiskey.*
Ya que vivo en Buenos Aires, quiero aprender el castellano de los porteños.** **Now that** I live in Buenos Aires, I want learn the Spanish of the Porteños.**
Ya que estoy despierto, ¡vámonos!*** **Now that/Since** I am awake, let's go!
Ya hablo un poco de español. I **now** speak a little Spanish/I **already** speak a little Spanish.
Ya hablaba un poco de español. I **already** spoke a little Spanish.

* **Whiskey** is the common spelling in Ireland and the United States, while **whisky** is common to Australia, Canada, England, Finland, Germany, India, Japan, Scotland and Spain. In Spanish, **whisky** may also be spelled **güisqui**.
** Un **puerto** (noun/masc) is a **port**, and the residents of Buenos Aires (a **port** city) are known as **porteños**. A male resident is un **porteño**, and a female resident is una **porteña**.
*** **Vámonos** is the imperative **nosotros/as** conjugation of the reflexive verb **irse/to go away-to leave-to exit**.

¿Cómo se dice **in a while** en español?

En un rato: **En** (prep) means **in/on**. **Un** (indefinite article/masc) means **a** or **an**. **Un rato** (noun/masc) is a **while**.

All together: **En un rato → In a while**

Related Vocabulary: Un **ratito** (noun/masc) means a **little while**.

¡OJO! Una **rata** (noun/fem) is a **rat**, while Mickey® is un **ratón** (noun/masc)/**mouse**. Un **ratón** is also a computer **mouse**.

Examples/Ejemplos:

Me voy en un **rato**. I am going away/leaving in a **while**.
Salgo de la oficina en un **rato**. I am leaving the office in a **while**.
Tomás va a volver en un **rato**. Thomas is going to return in a **while**.
Llamaré a mis padres en un **rato**. I will call my parents in a **while**.
Voy a acostarme por un **rato**. I am going to lie down for a **while**.
Voy a acostarme en un **rato**. I'm going to bed in a **while**.*
Llegué a casa hace un **rato**. I arrived home a **while** ago.
Me voy en un **ratito**. I am going away/leaving in a **little while**.
Voy a esperar por un **ratito**. I am going to wait for a **little while**.
Estoy acá solo por un **ratito**. I am here only for a **little while**.
¡Hay un **ratón** en el rincón! There is a **mouse** in the corner!
¡Hay un **ratón** en la esquina! There is a **mouse** on the corner!

* The reflexive verb **acostarse/to lie oneself down** is also used to express **to go to bed**.

¿Cómo se dice **it is important that you be here** en español?

La Perla: The Spanish subjunctive is everywhere! The English subjunctive, depending on your point of view, hardly exists or hides itself well. **To be** is one of the few English verbs which shows itself in the subjunctive.

Es importante que estés aquí: **Es**, from the verb **ser/to be**, is the present tense conjugation for an unstated **ello/it**. **Importante** (adj) means **important**. **Que** (conj) means **that**. **Estés** is the **tú-vos/you** present tense subjunctive conjugation of the verb **estar/to be** (**estás** is the **tú/vos** present tense indicative conjugation). **Aquí** (adv), commonly used in Spain, means **here**. **Acá** (adv), commonly used in Latin America, also means **here**.

Estés is the present tense subjunctive **tú/vos** conjugation of **estar**, and **be** is the present tense subjunctive **you** conjugation of **to be**. In Spanish: **Es importante que estés aquí**. In English: **It is important that you be here** (compared to the indicative **you** conjugation **It is important that you are here**).

All together: **Es importante que estés aquí → It is important that you be here**.

With **ser** (the other Spanish **to be** verb), the present tense **tú/vos** subjunctive conjugation is **seas**. **Es importante que seas sincero → It is important that you be sincere**. If female: **Es importante que seas sincera → It is important that you be sincere**.

¡OJO! Certain Spanish expressions trigger the subjunctive. **Es importante**, known as a statement of impersonal opinion, is an expression which triggers the subjunctive.

Examples/Ejemplos with Statements of Impersonal Opinion:

Es importante que **estés** aquí (male/female). **It is important** that you **be** here.
Es deseable que **estés** acá esta noche (male/female). **It is desirable** that you **be** here tonight.
Es preferible que no **estés** aquí (male/female). **It is preferable** that you not **be** here.
Es mejor que **estés** bien descansad**o** (male). **It is better** that you **be** well rested.
Es necesario que **estés** list**a** (female). **It is necessary** that you **be** ready.
Es crítico que **seas** honest**o** con nosotros (male). **It is critical** that you **be** honest with us.
Es crucial que **seas** valiente (male/female). **It is crucial** that you **be** valiant/brave.
Es esencial que **seas** seri**a** (female). **It is essential** that you **be** serious.

Estar y Ser Present	Yo/ I	Tú-Vos/ You	Usted/ You	Él-Ella-Ello/ He-She-It	Nosotros-as/ We	Ustedes-Ellos-Ellas/ Y'all-They
Indicative	Estoy/Am	Estás/Are	Está/Are	Está/Is	Estamos/Are	Están/Are
Subjunctive	Esté/Be	Estés/Be	Esté/Be	Esté/Be	Estemos/Be	Estén/Be
Indicative	Soy/Am	Eres-Sos/Are	Es/Are	Es/Is	Somos/Are	Son/Are
Subjunctive	Sea/Be	Seas/Be	Sea/Be	Sea/Be	Seamos/Be	Sean/Be

¿Cómo se dice cafeteria en español?

La Perla: Spanish nouns ending in **ría** often represent a type of store, shop or business. All are **feminine nouns**. Do not be surprised if the accent is missing, a common occurrence when signs are written in **MAYÚSCULAS/CAPITAL LETTERS**.

Cafetería: Una **cafetería** (noun/fem) is a **cafeteria**. When written in **mayúsculas/capital letters**, the accent should be kept (but may not be) as **CAFETERÍA**. Una **cafetería** in Latinoamérica is not typically a **cafeteria**-style restaurant (self-serve, with trays), but rather un **restaurante** (noun/masc)/a **restaurant**, with menus, waiters and table service. Un **café** (noun/masc) is a **café/cafe** (the accent is optional in English) or **coffee shop**. Un **café** (noun/masc) that you drink is a **coffee**. Quiero un **café** helado → I want an iced **coffee**.

¡OJO! This ¿Cómo se dice? is a **vocabulary builder!** Below are a just few of the more common **RÍA** nouns:

Ferretería	→ **Hardware store**
Fiambrería	→ **Delicatessen/Deli** (sliced meats/cheeses) (los fiambres = cold cuts/cold meats)
Tintorería	→ **Dry cleaner**
Lavandería	→ **Laundry** (lavar - to wash) (un lavadero is also a laundry)
Cerrajería	→ **Locksmith's shop** (una cerradura = a lock) (cerrar - to close/to lock)
Cervecería	→ **Bar/Pub/Brewery** (una cerveza = a beer)
Farmacia*	→ **Pharmacy**
Boletería	→ **Ticket office/Box office** (un boleto = a ticket) (in Spain, un taquilla = a ticket/box office)
Panadería	→ **Bakery** (el pan = bread)
Confitería	→ **Confectioner's/Candy store/Sweetshop** (confitar - to sweeten/to candy)
Pastelería	→ **Pastry shop** (un pastel = a pastry)
Juguetería	→ **Toy store** (un juego = a game) (jugar - to play)
Plomería	→ **Plumbing business** (plomero/a = plumber)
Carnicería	→ **Butcher shop** (la carne = meat) (carnear - to butcher)
Verdulería	→ **Fruit and vegetable shop/Greengrocer** (una verdura = a vegetable)
Frutería	→ **Fruit shop** (una fruta = a fruit)
Heladería	→ **Ice cream shop** (el helado = ice cream) (helar - to freeze)
Pizzería	→ **Pizza restaurant/Pizza parlor**
Bombonería	→ **Candy store/Confectioner's shop** (un bombón = a chocolate)
Zapatería	→ **Shoe store** (un zapato = a shoe)
Joyería	→ **Jewelry store** (una joya = a jewel)
Comisaría	→ **Police station** (el comisario de policía = the police commissioner)
Gomería	→ **Tire shop** (la goma = rubber) (una gomita = a rubber band)

* **Farmacia** (noun/fem) bears neither an accent nor ends in **ría**. **Farmacia** is stressed on the next-to-last syllable as **far-ma-cia**. In like fashion, una **familia** (noun/fem)/a **family** is stressed as **fa-mi-lia**.

¿Cómo se dice **I like Diego** en español?

La Perla: To express that you **like** someone (not in a romantic or sexual way), you want the verb **caer/to fall**. **Me cae bien Diego**, literally **To me falls well Diego**, translates best to English as **I like Diego**.

¡OJO! Caer works just like **gustar/to please-to be pleasing**:

   Me **cae bien** Diego → To me **falls well** Diego/I **like** Diego.

   Me **gusta** el helado → To me **is pleasing** the ice cream/I **like** ice cream.

Me cae bien Diego: Me (indirect object pron) may show a preposition in English as **to me**. Cae, from the verb **caer/to fall**, is the present tense conjugation for **Diego**. **Bien** (adv) means **well/fine**.

All together: **Me cae bien Diego** → **To me falls well Diego/I like Diego**.

In the negative: **No me cae bien Diego** → **To me does not fall well Diego/I do not like Diego**.

Substituting **mal** (adv)/**badly** for **bien**: **Me cae mal Diego** → **To me falls badly Diego/I do not like-I dislike Diego**.

¡OJO! Spanish is usually flexible with placement of the subject of a sentence, as here with **Diego** who may come before or after **caer**: Me cae bien **Diego**/**Diego** me cae bien → I like **Diego**.

Examples/Ejemplos:

¡OJO! An <u>indirect</u> object pronoun represents the person to whom someone falls: **me**/**to me**; **te**/**to you**; **le**/**to you-him-her**; **nos**/**to us**; and **les**/**to y'all-them**. **Le** and **les** can be clarified by showing to whom someone falls with, for example: **a Diego**/to Diego; **a usted-él-ella**/to you-him-her; **a** mis **padres**/to my parents; or **a ustedes-ellos-ellas**/to y'all-them.

Me **cae bien** Diego. To me **falls well** Diego/I **like** Diego.
Diego me **cae bien**. Diego to me **falls well**/I **like** Diego.
A Diego le **cae bien** Silvia. To Diego **falls well** Sylvia/Diego **likes** Sylvia.
A Silvia le **cae bien** Diego. To Sylvia **falls well** Diego/Sylvia **likes** Diego.
¿A usted le **cae bien** su primo Jorge? To you **falls well** your cousin George?/Do you **like** your cousin George?
A mis padres les **cae bien** Pedro. To my parents **falls well** Peter/My parents **like** Peter.
A Pedro le **caen bien** mis padres. To Peter **fall well** my parents/Peter **likes** my parents.
¿Te **caen bien** mis hermanas? To you **fall well** my sisters?/You **like** my sisters?
Nuestra profesora nos **cae bien**. Our professor to us **falls well**/We **like** our professor.
Pero, a ella le **caemos mal**. But, to her we **fall badly**/But, she **does not like-dislikes** us.

¿Cómo se dice **to the moon** en español?

La Perla: A prepositional phrase consists of three things, a **preposition**, a *modifier* and an **object** (the *modifier* is sometimes dropped).

A la luna: **A** (prep) means **to**. *La* (definite article/fem)/*The* is the modifier of **luna**. **Luna** (noun/fem)/**Moon** is the object of the preposition **a**. **A** *la* **luna** is a prepositional phrase.

All together: **A** *la* **luna** → **To** *the* **moon**

¡OJO! Be aware that English and Spanish sometimes use different prepositions to describe the same thing, as below with **on** **time** and **a** **tiempo** (**to** **time**).

Examples/Ejemplos:

English: **on** *the* **table**; **in** *the* **corner**; **on** *the* **corner**; **by** *the* **door**; **for** *my* **mother**; **for** *a* **while**; and **on** **time**.

Español: **en** *la* **mesa**; **en** *el* **rincón**; **en** *la* **esquina**; **por** *la* **puerta**; **para** *mi* **madre**; **por** *un* **rato**; y **a** **tiempo**.*

* The Spanish preposition **en** means both **in** and **on**. Without more, there is no way of telling if someone or something is **in** or **on** a **corner**. Spanish resolves this ambiguity by having two nouns for **corner**. Un **rincón** refers to the area <u>inside</u> the angle of a **corner**, while una **esquina** refers to the area <u>outside</u> the angle of a **corner**. Hay un ratón **en** el **rincón** de la cocina → There is a mouse **in** the **corner** of the kitchen. Hay un ratón **en** la **esquina** de la calle → There is a mouse **on** the **corner** of the street.

¿Cómo se dice **the bottom of the screen** en español?

La Perla: How to describe a **part** of something in terms of **location:** Use the noun una **parte**/part followed by the adjectives **superior**/top, **inferior**/bottom, **anterior**/front or **posterior**/back.

La parte inferior de la pantalla:
La (definite article/fem) means **the**. Una **parte** (noun/fem) is a **part**. **Inferior** (adj) means **inferior**, as well as **bottom** and **lower**. **De** (prep) means **of/from**, and sometimes **about**. Una **pantalla** (noun/masc) is a **screen** or a **display**.

¡OJO! While the Spanish **inferior** is an <u>adjective</u>, only, the English **bottom** is both an <u>adjective</u> and a <u>noun</u>. As such, la **parte inferior** (adj) may be expressed in English as the **bottom** (adj) **part** or simply the **bottom** (noun).

All together: **La parte inferior de la pantalla → The inferior part of the screen/The <u>bottom</u> part of the screen/The <u>bottom</u> of the screen**

Superior (adj) means **superior**, as well as **top** (adj/noun). La **parte superior** (adj) may be expressed in English as the **top** (adj) **part** or simply the **top** (noun).

Anterior (adj) means **anterior**, as well as **front** (adj/noun). La **parte anterior** (adj) may be expressed in English as the **front** (adj) **part** or simply the **front** (noun).

Posterior (adj) means **posterior**, as well as **back** (adj/noun). La **parte posterior** (adj) may be expressed in English as the **back** (adj) **part** or simply the **back** (noun).

Two other Spanish <u>adjectives</u> are also used to identify the **front** and **back, delantero/a** and **trasero/a**. La **parte delantera** (adj) may be expressed in English as the **front** (adj) **part** or simply the **front** (noun). La **parte trasera** (adj) may be expressed in English as the **back** (adj) **part** or simply the **back** (noun).

Examples/Ejemplos:

La **parte superior** del árbol → The **superior-top part** of the tree/The **top** of the tree
La **parte inferior** de la pared → The **inferior-bottom part** of the wall/The **bottom** of the wall
La **parte anterior** del avión → The **anterior-front part** of the plane/The **front** of the plane
La **parte posterior** de la puerta → The **posterior-back part** of the door/The **back** of the door
Las instrucciones están en la **parte superior** de la caja. The instructions are on the **top** of the box.
La **parte inferior** del espejo está agrietada. The **bottom part** of the mirror is cracked.
Aprieta el botón en la **parte delantera** de la cámara. Press the button on the **front** of the camera.*
Prefiero sentarme en la **parte trasera**. I prefer to sit in the **back**.

* The Spanish verb **apretar** means **to squeeze**,or **to press**. **Aprieta** is the affirmative imperative conjugation for **tú/you**. The subject pronouns **tú/you** are commonly left unsaid in <u>both</u> the Spanish and the English imperative.

¿Cómo se dice **sandwich** en español?

La Perla: La **letra** w/The **letter** w is not native to Spanish (or Latin). Why, then, is la w (noun/fem)/the w una **letra** (noun/fem) of the Spanish **alfabeto** (noun/masc)/**alphabet**? In order to say and write words containing una w.

¡OJO! While many foreign words containing w have been formally accepted into Spanish, such as un **sándwich** (noun/masc)/a **sandwich**, many have not. Either way, la w is a necessary **letra** of the Spanish **alfabeto** in order to say and write words containing w.

Sándwich: Un sándwich is a sandwich.*

¡OJO! As a rule, nouns from other languages come into Spanish as <u>masculine</u> nouns. Un **sándwich** follows this rule.

¡OJO! When spelling **sándwich** aloud in Spanish, the **letter** w is stated as doble ve or uve doble: ese - a - ene - de - doble ve/uve doble - i - ce - hache.

Related Vocabulary: Other choices for **sándwich**: la **bocadillo** and la **bocata** (common to Spain; like a French baguette) (una **boca** = a **mouth**, and un **bocado** = a **bite**); el **emparedado** (emparedar - to confine); el **sánduche**; el **sánguche**; and la **torta**. Which to use will depend largely on locale.

Examples/Ejemplos with W - Spanish → English:

Sándwich (noun/masc) → **Sandwich**
Kiwi (noun/masc) → **Kiwi** (the **fruit** and the **bird** native to New Zealand)
Kiwi (noun/masc-fem) → **Kiwi** (a **New Zealander**)
Taiwanés (noun-adj/masc)/**Taiwanesa** (noun-adj/fem) → **Taiwanese**
Sitio **web** → **Web**site
Página **web** → **Web** page
Whisky (noun/masc) → **Whiskey/Whisky****
Gales (noun/masc) → **Wales** (the Spanish g sometimes goes to English as w, and vice versa)
Guillermo → **William**
Güisqui (noun/masc) → **Whiskey/Whisky****

* John Montagu (1718-1792), 4th Earl of **Sandwich**.
** **Whiskey** is the common spelling in Ireland and the United States, while **whisky** is common to Australia, Canada, England, Finland, Germany, India, Japan, Scotland and Spain. In Spanish, **whisky** may also be spelled **güisqui**.

¿Cómo se dice **I move to a new house tomorrow** en español?

La Perla: You will need the reflexive verb **mudarse** when you **move yourself** to a new house, to another neighborhood or to a different city. By comparison, the verb **mover/to move** is used for **movement**, generally. ¡No puedo **mover** las piernas!/I cannot **move** my legs!*

¡OJO! As a verb of motion, like **venir/to come** and **ir/to go, mudarse** is often followed by **a/to** (prep).

Me mudo a una casa nueva mañana
Me (reflexive pron) means **myself**. **Me mudo** is the present tense **yo/I** conjugation of the <u>reflexive</u> verb **mudarse/to move oneself**. As a verb of motion, **mudarse** is often followed by **a** (prep)/**to**. **Una** (indefinite article/fem) means **a/an**. Una **casa** (noun/fem) is a **house**. **Nueva** (adj/fem) means **new**. **Mañana** (adv) means **tomorrow**. **Mañana** (noun/masc) also means **tomorrow**.** In this sentence, either **mañana** (adv) or **mañana** (noun/masc) may be used. La **mañana** (noun/fem), on the other hand, means the **morning**.

¡OJO! Present tense Spanish often translates to the English **ing** verb form, from **Me mudo/I move** to **I am moving**.

All together: **Me mudo mañana a una casa nueva** → **I move myself tomorrow to a new house/I move to a new house tomorrow/I am moving to a new house tomorrow**.

Examples/Ejemplos:

Cada mes me mudo a un nuevo país. **Each month** I **move** to a new country.
Me mudo a Barcelona **la semana que viene**. I **am moving** to Barcelona **the week that comes/next week**.
Quiero **mudarme** al Barrio Gótico **muy pronto**. I want **to move** to the Gothic Quarter **very soon**.
Espero poder **mudarme** a Zaragoza **en abril**. I hope to be able **to move** to Zaragoza **in April**.
Me mudaré a Bilbao **el año próximo**. I **will move** to Bilbao **the proximate year/next year**.
Me mudé a San Sebastián **hace dos años**. I **moved** to San Sebastian **it makes two years/two years ago**.

* As a rule, Spanish is less possessive (las piernas) than English (my legs).
** Because the definite articles **el/the** are not usually seen with **mañana** (masc)/**tomorrow**, these nouns are not easy to spot. A more obvious example: **Mañana** es un día nuevo → **Tomorrow** is a new day.

¿Cómo se dice **he came with wine** en español?

Vino con vino: **Vino** is the **él/he** simple past tense conjugation of the verb **venir/to come** (**vino/came** is also the simple past tense conjugation for **ella/she** and **usted/you**). **Con** (prep) means **with**. Un **vino** (noun/masc) is a **wine**.

All together: **Vino con vino** → **He came with wine**.

La Perla: **Venir** is a member of the **go-go** verbs (dubbed **go-go** by the famous linguist Michel Thomas), a group which shares the **go** ending in present tense **yo/I** conjugations, such as **Yo vengo** from **venir**. In turn, this group shares a most **regular irregular** way of conjugating the simple past tense. With **venir**, for example, the verb stem changes from **ven** to **vin** followed by **e** (yo), **o** (usted/él/ella/ello), **iste** (tú/vos), **imos** (nosotros/as) or **ieron** (ustedes/ellos/ellas).

¡**OJO**! If you know just one conjugation, such as **Vino con vino**, you know them all: Yo **vine**; Usted/Él/Ella/Ello **vino**; Tú/Vos **viniste**; Nosotros/as **vinimos**; and Ustedes/Ellos/Ellas **vinieron**.

Other verbs which share the present tense **yo go** ending are: Yo **tengo** (tener/to have); Yo **pongo** (poner/to put); Yo **hago** (hacer/to do-to make); Yo **digo** (decir/to say-to tell); and Yo **traigo** (traer/to bring). And, just like **venir**, these verbs conjugate in a most regular irregular way in the simple past beginning with **tuv**/tener, **pus**/poner, **hic**/hacer, **dij**/decir and **traj**/traer.

Go-Go Verbs	Yo	Ud*	Tú/Vos	Nosotros/as	Uds*
Venir/Vengo	Vine	Vino	Viniste	Vinimos	Vinieron
Tener/Tengo	Tuve	Tuvo	Tuviste	Tuvimos	Tuvieron
Poner/Pongo	Puse	Puso	Pusiste	Pusimos	Pusieron
Hacer/Hago	Hice	Hizo**	Hiciste	Hicimos	Hicieron
Decir/Digo	Dije	Dijo	Dijiste	Dijimos	Dijeron***
Traer/Traigo	Traje	Trajo	Trajiste	Trajimos	Trajeron***
Salir/Salgo****	Salí	Salió	Saliste	Salimos	Salieron

Examples/Ejemplos:

Vine con vino. I **came** with wine.
Ella **tuvo** que irse temprano ayer. She **had** to leave early yesterday.
¿**Pusiste** las llaves en la mesa? You **put** the keys on the table?
Hicimos las camas esta mañana. We **made** the beds this morning.
Ya me **dijeron** tu secreto.*** They already **told** me your secret.
Traje un traje. I **brought** a suit.
Salí anoche.**** I **went out** last night.

* **Ud** = Usted/Él/Ella/Ello & **Uds** = Ustedes/Ellos/Ellas.
** As the regular conjugation would be **hico**, the hard **c** is replaced by **z** to preserve the **s** sound as **hizo**.
*** Making it easier to pronounce, the **i** of **ieron** drops out after **j** leaving **eron**.
**** Although **salir** is a **go-go** verb (Yo **salgo**), **salir** conjugates regularly in the simple past tense.

¿Cómo se dice **I could not call you earlier** en español?

No pude llamarte antes: No (adv) means **no/not**. **Pude** is the **yo/I** simple past tense conjugation of the verb **poder/to be able to**. **Pude/I was able to** often translates to English as **I could**. **Llamar** means **to call**. **Te** (direct object pron) means **you**. **Antes** (adv) means **before**, and sometimes **earlier**.

All together: **No pude llamarte antes** → **I was not able to call you before/I could not call you earlier**.

La Perla: While not a **go-go** verb, **poder** conjugates like one in the past.* In the simple past tense, the verb stem changes from **pod** to **pud**, followed by **e** (yo), **o** (usted/él/ella/ello), **iste** (tú/vos), **imos** (nosotros/as) or **ieron** (ustedes/ellos/ellas). If you know just one conjugation, for example **Yo pude**, you know them all: **Yo pude; Usted/Él/Ella/Ello pudo; Tú/Vos pudiste; Nosotros/as pudimos;** and **Ustedes/Ellos/Ellas pudieron**.

Other verbs which conjugate like a **go-go** verb in the simple past are: Yo **quise** (querer/to want); Yo **hube** (haber/to have); Yo **supe** (saber/to know); Yo **estuve** (estar/to be); and Yo **anduve** (andar/to walk-to go-to work).

Like Go-Go Verbs	Yo	Ud**	Tú/Vos	Nosotros/as	Uds**
Poder/Pud	Pude	Pudo	Pudiste	Pudimos	Pudieron
Querer/Quis	Quise	Quiso	Quisiste	Quisimos	Quisieron
Haber/Hub	Hube	Hubo	Hubiste	Hubimos	Hubieron
Saber/Sup	Supe	Supo	Supiste	Supimos	Supieron
Estar/Estuv***	Estuve	Estuvo	Estuviste	Estuvimos	Estuvieron
Andar/Anduv***	Anduve	Anduvo	Anduviste	Anduvimos	Anduvieron

Examples/Ejemplos:

No **pude** llamarte antes. I **was** not **able** to call you before.
Ella nunca **pudo** comprender a su madre. She never **could** comprehend her mother.
¿Siempre **quisiste** vivir en Asunción? You always **wanted** to live in Asuncion?
Nunca **hubo** suficiente tiempo. **There was** never enough time.
Lo **supimos** cuando llegamos. We **knew** it when we arrived/We found out when we arrived.
Por fin, ellos **estuvieron** de acuerdo en la fecha. Finally, they **were** of agreement on the date.
El lavarropa nunca **anduvo** bien.**** The washing machine never **worked** well.

* Called the **go-go** verbs by the extraordinary linguist Michel Thomas, this verb group shares a present tense **yo/I** conjugation ending in **go**, such as **Yo vengo/I come** from the verb **venir/to come**. In turn, the **go-go** group often shares a quite **regular irregular** way of conjugating the simple past tense. Although **poder** is not a **go-go** verb (**poder** conjugates in the present as **Yo puedo**), **poder** conjugates like a **go-go** verb in the simple past.
** **Ud** = Usted/Él/Ella/Ello & **Uds** = Ustedes/Ellos/Ellas.
*** **Estar** and **andar** conjugate like the **go-go** verb **tener**: **tuve; tuvo; tuviste; tuvimos;** and **tuvieron**.
**** **Lavarropa** may also be seen as el **lavarropas** (noun/masc) or la **lavadora** (noun/fem).

¿Cómo se dice **it embarrasses me** en español?

La Perla: In English, **embarrassment** and **shame** tend to have slightly different meanings. For example, something which causes **embarrassment** may not also cause **shame**. In Spanish, however, **vergüenza** stands for both.

Me da vergüenza:
Me (indirect object pron) may show a preposition in English as **to** **me**. **Da** is the **él-ella-ello/it** present tense conjugation of the verb **dar/to give**. Whatever **it** may be, **él/ella/ello** are often left unsaid. La **vergüenza** (direct object/fem), from the verb **avergonzar/to embarrass-to shame**, means **embarrassment** or **shame**.

All together: **Me da vergüenza** → To me it gives embarrassment-shame/It <u>embarrasses</u>-<u>shames</u> me.

¡**OJO**! In place of using the verb **dar/to give** to convey **vergüenza/embarrassment-shame**, one may also use: **1)** the verb **avergonzar/to embarrass-to shame; 2)** the <u>reflexive</u> verb **avergonzarse/to embarrass-to shame oneself;** or **3)** the verb **estar/to be** with the adjective **avergonzado-a/ashamed-embarrassed**.

1) Me avergüenza → It embarrasses me/It shames me;
2) Me avergüenzo → I embarrass myself/I shame myself; or
3) Estoy avergonzado/a → I am embarrassed/I am ashamed.

Examples/Ejemplos:

Me da vergüenza mi nieto (dar). My grandson **embarrasses me**.
Y, a mi nieto **le doy vergüenza** (dar). And, I **embarrass my grandson**.
Mi madre **me da** mucha **vergüenza** (dar). My mother **embarrasses me** a lot.
Mis niños no **me dan vergüenza** (dar). My children do not **embarrass me**.
Me da vergüenza pensarlo (dar). It **shames me** to think it.
Me da vergüenza cuando cometo errores en español (dar). It **embarrasses me** when I make mistakes in Spanish.
A ella **le dio vergüenza** admitir que estaba equivocada (dar). It **embarrassed her** to admit she was mistaken.
Nos dio vergüenza decírselo a él (dar). It **embarrassed us** to tell it to him.
Nos avergüenza estar aquí (avergonzar). It **embarrasses us** to be here.
Nos avergonzamos de estar aquí (avergonzarse). We **embarrass ourselves** to be here.
Estamos avergonzados estar aquí (males/mixed) (estar). We **are embarrassed** to be here.
¡Qué **vergüenza**! What an **embarrassment**!/What a **shame**!

¿Cómo se dice **it is perfect** en español?

La Perla: How does one say **it is** in Spanish? **Es**.

Es perfecto:
Es, from the verb **ser/to be**, is the present tense conjugation for an unstated **él/it** (subject pron/masc) or an unstated **ello/it** (subject pron/neutral). **Perfecto** (adj/masc-neutral) means **perfect**.

¡OJO! **Perfecto** modifies either a <u>masculine</u> noun or something <u>without</u> gender (something other than a <u>specific</u> noun). For example, when **perfecto** describes a <u>masculine</u> noun such as un **reloj/watch**: [Él] Es **perfecto**/It is **perfect**. When **perfecto** describes something <u>neutral</u> such as the phrase **Llegaré al mediodía/I will arrive at noon**: [Ello] Es **perfecto**/It is **perfect**. When describing a <u>feminine</u> noun such as una **flor/flower**: [Ella] Es **perfecta**/It is **perfect**.

Referring to a masculine noun: **Es perfecto** → **It is perfect**.

Referring to something other than a specific noun: **Es perfecto** → **It is perfect**.

Referring to a feminine noun: **Es perfecta** → **It is perfect**.

¡OJO! **Bien** (adv) goes with the verb **estar/to be**: **Está bien** → **It is fine**.

Examples/Ejemplos:

Es **perfecto/a** (adj). It is **perfect**/It's **perfect**.
Es **maravilloso/a** (adj). It's **marvelous**.
Es **fantástico/a** (adj). It is **fantastic**.
Es **extraordinario/a** (adj). It's **extraordinary**.
Es **ordinario/a** (adj). It is **ordinary**.
Es **ridículo/a** (adj). It's **ridiculous**.
Es **sencillo/a** (adj). It is **simple**.
Es **simple** (adj). It's **simple**.
Es **excelente** (adj). It is **excellent**.
Es **difícil** (adj). It's **difficult**.
Es **fácil** (adj). It is **easy**.
Es **horrible** (adj). It's **horrible**.
Es **terrible** (adj). It is **terrible**.
Es **bueno/a** (adj). It's **good**.
Está **bien** (adv). It is **fine**.
Estoy **bien** (adv). I am **fine**.

¿Cómo se dice **I never meant to say that** en español?

La Perla: **Querer/To want** also translates to English as **to mean**. Nunca **quise** decir eso/I never **wanted** to say that → I never **meant** to say that.

Nunca quise decir eso:
Nunca (adv) means **never**, and sometimes **ever**. **Quise** is the **yo/I** simple past tense conjugation of the verb **querer/to want**. Because **quise** is unique to **yo**, the subject pronoun **yo** is usually left unsaid. The verb **decir** means **to say/to tell**. **Eso** (demonstrative pron/neutral) means **that**.

All together: **Nunca quise decir eso** → I never wanted to say that/I never <u>meant</u> to say that.

¡OJO! While not a **go-go** verb, **querer** conjugates like one in the simple past.* In the simple past, the verb stem changes from **quer** to **quis**, followed by **e** (yo), **o** (usted/él/ella/ello), **iste** (tú/vos), **imos** (nosotros/as) or **ieron** (ustedes/ellos/ellas). If you know just one conjugation, such as **Yo quise**, you know them all.

Past	Yo	Ud**	Tú/Vos	Nosotros/as	Uds**
Querer	Quise	Quiso	Quisiste	Quisimos	Quisieron
Venir	Vine	Vino	Viniste	Vinimos	Vinieron

Examples/Ejemplos:

Es lo que **quise decir**. It is what **I meant to say**.
No quiso decir antes sino después. **He did not mean to say** before but rather after.
¿**No quisiste decir** a la izquierda? **You did not mean to say** to the left?
Siempre **quisimos decir** eso. **We always wanted to say** that.
Quisieron decir vino tinto no blanco. **They meant to say** red wine not white.
Quería decirte la verdad. **I wanted/was meaning/meant to tell** you the truth.

* So described by the celebrated linguist Michel Thomas, the **go-go** verbs share a present tense **yo/I** conjugation ending in **go**, such as **Yo vengo/I come** from the verb **venir/to come**. In turn, the **go-go** verb group often shares a quite **regular irregular** way of conjugating the past tense. Although **querer** is not a **go-go** verb (**querer** conjugates in the present as **Yo quiero**), **querer** conjugates like a **go-go** verb in the simple past.
** **Ud** = Usted/Él/Ella/Ello & **Uds** = Ustedes/Ellos/Ellas.

¿Cómo se dice **have a good trip** en español?

Que tengas un buen viaje: **Que** (conj) means **that**. **Tengas** is the **tú-vos/you** present tense subjunctive conjugation of the verb **tener/to have**. **Bueno/a** (adj) means **good**. When **bueno** comes before a masculine noun, **bueno** shortens to **buen**, as with **buen día/good day**, as well as here with **buen viaje**. Before a feminine noun, however, **buena** remains **buena**, as in **buena suerte/good luck**. Un **viaje** (noun/masc), from the verb **viajar/to travel**, means a **voyage**, a **trip** or a **journey**. **Trip** is the most common English translation.

¡OJO! As a complete sentence, **Que tengas un buen viaje** might take the form **Espero que tengas un buen viaje/I hope that you have a good trip**. The verb **esperar** is a common trigger for the Spanish subjunctive. In its short form, **Que tengas un buen viaje** translates best without **que** as simply **Have a good trip**.

All together: **Que tengas un buen viaje** → That you have a good voyage-trip-journey/Have a good trip.

Examples/Ejemplos:

Que tengas un **buen fin de semana**. Have a **good weekend**.
Que tengas un **buen finde**. Have a **good weekend**.
Que tengas un **buen día**. Have a **good day**.
Que tengas un **gran día**.* Have a **great day**.
Que tengas una **gran vida**.* Have a **great life**.
Que tengas un **feliz cumpleaños**. Have a **happy birthday**.
Que tengas una **feliz Navidad**. Have a **merry Christmas**.
Que tengas un **feliz Año Nuevo**. Have a **happy New Year**.
Que tengas **dulces sueños**. **Sweet dreams**.

More Examples/Más Ejemplos with Viaje:

El punto del **viaje** es relajarse. The point of the **trip** is to relax.
Estoy de **viaje** la semana próxima. I am **traveling** next week.
Al principio del **viaje** Miguel estaba nervioso. At the beginning of the **trip** Michael was nervous.
Un compañero/Una compañera de **viaje** = A **travel** companion
¡Buen viaje! = Bon voyage!**

* **Grande** (adj)/**Big-Large** shortens to **gran** before singular nouns (masculine or feminine). **Gran**, in turn, often translates as **great**.
** **Bon voyage** is how it is said in English and French.

¿Cómo se dice **it is not worth it** en español?

La Perla: **No vale la pena/It is not worth the pain** often shortens in English to simply **It is not worth it**.

¡OJO! From the verb **penar/to punish-to suffer**, una **pena** (noun/fem) is a **pain, penalty** or **punishment** (en **pena** de muerte = on **pain** of death), as well as a **suffering** or **torment**.

No vale la pena: No (adv) means **no/not**. **Vale** is the **él-ella-ello/it** present tense conjugation of the verb **valer/to be worth**. Whatever **it** may be, **él/ella/ello** are commonly left unsaid in Spanish. From the verb **penar/to punish-to suffer**, una **pena** (noun/fem) is a **pain, penalty, punishment, suffering** or **torment**.

All together: **No vale la pena → It is not worth the pain-penalty-punishment-suffering-torment/It is not worth it**.

In the affirmative: **Vale la pena → It is worth the pain-penalty-punishment-suffering-torment/It is worth it**.

¡OJO! **No vale la pena** and **Vale la pena** are often followed by a verb infinitive. English is a bit more complicated than Spanish, with a choice between **it** followed by a verb infinitive or **it** (optional) followed by the ing verb form: **No vale la pena** discutir con mi padre → **It is not worth it** to argue with my father/**It is not worth it** arguing with my father/**It is not worth** arguing with my father.

Examples/Ejemplos:

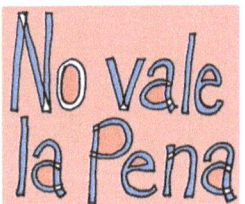

¿Vas a hacerlo?/Are you going to do it? No, **no vale la pena**/No, **it is not worth it**.
No vale la pena ayudar a Catalina. **It is not worth it** to help Catherine.
No vale la pena pedir una disculpa. **It is not worth it** to ask for an apology.
No vale la pena pedir una disculpa. **It is not worth** asking for an apology.
No vale la pena quejarse. **It is not worth** complaining.
¿**Vale la pena** visitar Nepal?/**Is it worth it** to visit Nepal? Sí, **vale la pena**/Yes, **it is worth it**.
Además, **vale la pena** escalar el Monte Everest. Moreover, **it is worth it** to scale/to climb Mount Everest.*

* Named after Sir George Everest, Mount Everest in the Himalayas is Earth's highest mountain, measuring 29,015 ft/8,844 m from sea level to rock height (not including snow).

¿Cómo se dice **the winter of our discontent** en español?

La Perla: The **seasons** of the year are known in Spanish as las **estaciones**/the **stations**.*

El invierno de nuestro descontento: El (definite article/masc) means the. Invierno (noun/masc)
means **winter** (while **infierno** (noun/masc) means **hell**). **De** (prep) means **of/from**. **Nuestro** (possessive adj/masc) means **our**. **Descontento** (noun/masc) means **discontent**.

All together: **El invierno de nuestro descontento** → **The winter of our discontent**.**

Las cuatro **estaciones**/the four **seasons** are: la **primavera**/spring; el **verano**/summer; el **otoño**/autumn-fall; and el **invierno**/winter. All are masculine save for la **primavera**. Generally, las **estaciones**/the **seasons** are not capitalized in Spanish or English.

¡OJO! When it is **verano**/summer in Norteamérica, it is **invierno**/winter in Sudamérica.

When you are ready to break out the **winter clothes**/la **ropa de invierno** for an August ski vacation in Bariloche, Argentina, check out the vocabulary below.

Español → English:

Una campera	→ A jacket
Una chaqueta	→ A jacket
Una campera con capucha	→ A hooded jacket
Un abrigo	→ A coat/An overcoat
Un buzo***	→ A sweatshirt
Un buzo con capucha***	→ A hoodie
Un suéter/sweater	→ A sweater
Una bufanda	→ A scarf
Un par de guantes	→ A pair of gloves
Un sombrero	→ A hat (general)
Una gorra	→ A hat with a bill, e.g. a baseball cap
Un gorro	→ A ski hat/A woolen hat
Un pasamontañas	→ A ski mask/A balaclava

* A **season** of a **television series**/una **serie de televisión**, or of a **sport**/un **deporte**, is known as una **temporada** (noun/fem).
** *The Winter of Our Discontent* was John Steinbeck's last novel, published in 1961. The title refers to the first line of William Shakespeare's *Richard III*: "Now is the winter of our discontent."
*** Known as un **buzo** (noun/masc) in Argentina, una **sudadera** (noun/fem)/a **sweatshirt** is more common elsewhere (related to the verb **sudar**/to **sweat** and **sudor** (noun/masc)/**sweat**). Una **capucha** (noun/fem) is a **hood**, and un **buzo con capucha**/una **sudadera con capucha** is a **hoodie**.

¿Cómo se dice **I loved the end of the movie** en español?

¿Final o Fin? Imagine that you go to see a **movie**/una **película**, and you love the **end**. Then, just before the credits roll, *The End* appears on screen. The issue: English uses **end** to describe both of the foregoing. In Spanish, however, el **final** represents the **end** you loved watching, while el *Fin* marks *The End* of the movie.

La Perla 1: El **final**/The **end** is la **última parte** o **etapa**/the **last part** or **stage** of something.

La Perla 2: El **fin**/The **end** marks la **terminación**/the **termination** of something in **time** or in **space**.

Me encantó el final de la película:
Me (indirect object pron) may show a preposition in English as **to** me. **El** (definite article/masc) means **the**. El **final** (noun/masc) means the **end**. **Encantó**, from the verb **encantar/to enchant-to be enchanting**, is the simple past tense conjugation for el **final**. **Encantar**, in turn, is generally replaced in English with the verb **to love**. **De** (prep) means **of/from**. **La** (definite article/fem) means **the**. Una **película** is a **movie** or **film**.

All together: **Me encantó el final de la película** → To me was enchanting the end of the movie/I <u>loved</u> the end of the movie.

¡OJO! While the Spanish **final** is most often <u>masculine</u>, there is a notable exception. In the context of el **último partido**/the **last match** of un **campeonato**/a **championship, final** is <u>feminine</u> and translates to English as **final**: Me encantó **la final** de la Copa Mundial → I loved the **final** of the World Cup.

¡OJO! El **final** del mes = Los **últimos días** del mes/The **last days** of the month. El **fin** del mes = El **último día** del mes/The **last day** of the month. El **final** de la semana = Los **últimos días** de la semana/The **last days** of the week. El **fin** de semana = The week**end**.*

Examples/Ejemplos:

Ya leí el **final** del capítulo. I already read the **end** of the chapter.
¿Viste el **final** del partido de fútbol? Did you see the **end** of the soccer match?
El baño está al **final** del pasillo. The bathroom is at the **end** of the hall.**
Llegamos al **final** del verano/Al **final** del verano llegamos. We arrive at the **end** of summer.
Saldremos al **final**/a **finales** del año. We will leave at the **end** of the year.
Pago las facturas al **final** del mes. I pay the bills at the **end** of the month.
Pago las facturas al **fin** del mes. I pay the bills the **last day** of the month.
¿Qué hiciste este **fin** de semana? What did you do this week**end**?
Dormí todo el **fin**de. I slept all week**end**.
No es el **fin** del mundo. It is not the **end** of the world.
El **fin** del sendero está exactamente a 2.3 km de aquí. The **end** of the trail is exactly 2.3 km from here.
Al **fin** llegué. At last I arrived.
Por **fin** podemos acceder el internet. **Fin**ally, we can access the internet.

* El **fin de semana**/The **weekend** encompasses **sábado** y **domingo**/**Saturday** and **Sunday**. El **fin de semana** may also take the short form el **finde** (noun/masc)/the **weekend**.
** Referring to the area at el **final**/the **end** of the hall, not a specific point. This may also be stated with el **fondo** (noun/masc)/**end**: El baño está al **fondo** del pasillo → The bathroom is at the **end** of the hall.

¿Cómo se dice I am very intelligent en español?

La Perla: English adjectives ending in **ent** usually go Spanish as **ente**, from **intelligent** to **inteligente**.

Soy muy inteligente: **Soy** is the **yo/I** present tense conjugation of the verb **ser/to be**. Because **soy** is unique to **yo, yo** is often left unsaid in Spanish. **Muy** (adv) means **very**. **Inteligente** (adj) means **intelligent**.

All together: **Soy muy inteligente → I am very intelligent**.

¡OJO! This *¿Cómo se dice?* is a **vocabulary builder!**

Spanish adjectives ending in **ente** usually carry the same meaning and nearly the same spelling as their English counterparts. These adjectives have just one form for gender, as un hombre **inteligente** or una mujer **inteligente**, or the plural unos hombres **inteligentes** or unas mujeres **inteligentes**.

Examples/Ejemplos - Español → English:

Español	English
Aparente	→ Apparent
Coherente	→ Coherent
Competente	→ Competent
Consistente	→ Consistent
Constante	→ Constant
Conveniente	→ Convenient
Decente	→ Decent
Depend*i*ente	→ Dependent
Diferente	→ Different
Eficiente	→ Efficient
Equivalente	→ Equivalent
Evidente	→ Evident
Excelente	→ Excellent
Incompetente	→ Incompetent
Independ*i*ente	→ Independent
Indiferente	→ Indifferent
Inocente	→ Innocent
Inteligente	→ Intelligent
Paciente	→ Patient
Permanente	→ Permanent
Potente	→ Potent
Presente	→ Present
Prudente	→ Prudent
Suficiente	→ Sufficient
Transparente	→ Transparent
Urgente	→ Urgent

¿Cómo se dice **I am busy** en español?

La Perla: One is **occupied/busy** in Spanish with **ocupado-a/occupied**.

Estoy ocupado:
Estoy is the **yo/I** present tense conjugation of the verb **estar/to be**. Because **estoy** is unique to **yo, yo** is usually left unsaid in Spanish. **Ocupado/a** (adj), from the past participle of the verb **ocupar/to occupy**, means **occupied**. **Ocupado/a** often translates to English as **busy**. **Estar/To be** (rather than the verb **ser/to be**) conveys the status/state of being **ocupado/a**.

All together: **Estoy ocupado** → I am occupied/I am busy.

If **yo/I** am female: **Estoy ocupada** → I am occupied/I am busy.

¡OJO! In Spanish, just use **ocupado/a**. As an English speaker, you will naturally know when **ocupado/a** works best as **occupied** or **busy**. El baño está **ocuapdo**/The bathroom is **occupied**. Mi marido está muy **ocuapdo**/My husband is very **busy**. La línea está **ocupada**/The line is **busy**.

¡OJO! The Spanish verb **preocupar**, literally **to preoccupy**, also means **to worry**. **Preocupado/a** (adj), from the past participle of the verb **preocupar/to preoccupy**, often translates best to Enlgish as **worried**. Carolina está muy **preocupada**/Caroline is very **worried**.

Related Vocabulary: Una **preocupación** (noun/fem) is a **worry** or a **concern**.

Examples/Ejemplos:

Estoy muy **ocupado** (male). I am very **busy**.
Estamos **ocupados** (males/mixed). We are **busy**.
Estoy demasiado **ocupada** para discutir (female). I am too **busy** to argue.
Ellas siempre están **ocupadas** (females). They are always **busy**.
El baño está **ocupado**. The bathroom is **occupied**.
Acabo de llamar a Guillermo, pero la línea está **ocupada**. I just called William, but the line is **busy**.
Guillermo está **preocupado**. William is **worried**.
No estamos **preocupados** (males/mixed). We are not **worried**.
Un día sin **preocupaciones** = A day without **worries**

¿Cómo se dice turn on the lights, please en español?

La Perla: You need to know how to tell someone to turn on las **luces** (noun/fem)/the **lights**, or el **televisor** (noun/masc)/the **television set**, or to light una **vela** (noun/fem)/a **candle**. There are two verbs for this:

Encender: To turn on, to switch on, to light, to set on fire and to strike (as in to strike a match)
Prender: To turn on, to switch on, to light, to set on fire and to strike (as in to strike a match)

Enciende las luces, por favor: Enciende is the tú/you imperative conjugation of the verb encender.
Las (definite article/fem) means **the**. La **luz** (noun/fem)/the **light** goes plural as las **luces**/the **lights**. **Por favor** means **please**.

All together: **Enciende las luces, por favor → Turn on the lights, please**.

In the informal **vos/you** imperative: **Encendé las luces, por favor → Turn on the lights, please**.

You probably noticed that the definitions of **encender** and **prender** are identical. Which verb to use will vary by locale, the object in question and/or personal preference. Below is a list of things you might **turn on, switch on, light, set on fire** or **strike**.

Related Vocabulary: Un **encendedor** (noun/masc) is a **lighter** (un **mechero** (noun/masc) in Spain), and un **fósforo** (noun/masc) is a **match**. When you need a light (whether un **encendedor**, un **mechero** or un **fósforo**), it is common in Spanish to ask: **¿Tienes fuego** (tú)? → **Do you have fire? ¿Tenés fuego** (vos)? → **Do you have fire?**

Examples/Ejemplos:

- **Luz**, la - Light
- **Luces**, las - Lights
- **Lámpara**, la - Lamp
- **Linterna**, la - Lantern/Flashlight
- **Interruptor**, el - Switch
- **Calefacción**, la - Heat, Heating
- **Calefactor**, el - Heater
- **Estufa**, la - Stove
- **Radiador**, el - Radiator
- **Acondicionador de aire**, el - Air conditioner*
- **Ventilador**, el - Fan
- **Horno**, el - Oven
- **Hornalla/Hornilla**, la - Burner
- **Chimenea**, la - Fireplace
- **Televisor**, el - Television set
- **Computador/a**, el/la - Computer
- **Monitor**, el - Monitor
- **Radio**, el/la - Radio
- **Microondas**, el - Microwave
- **Licuadora**, la - Blender
- **Secador**, el - Hair dryer
- **Vela**, la - Candle
- **Fósforo**, el - Match
- **Cigarrillo**, el - Cigarette
- **Puro/Cigarro**, el - Cigar
- **Electricidad**, la - Electricity
- **Gas**, el - Gas**
- **Auto**, el - Auto***

* By comparison, **aire acondicionado**, literally **conditioned air**, goes to English as **air conditioning**.
** In Spanish and English, **gas** is an air-like fluid such as **gas natural/natural gas**. The Spanish **gasolina** (noun/fem) and English **gasoline**, in turn, are liquids. In Argentina, **gasolina** is also called **nafta** (noun/fem)/**naphtha**. In English, only, **gasoline** may also take the short form **gas** meaning the liquid.
*** The verb **arrancar** is also used **to start** a motor or vehicle.

¿Cómo se dice **turn off the lights, please** en español?

La Perla: Once the lights are on, you need to know how to tell someone to turn them off. For this you need the verb **apagar/to turn off**.

¡OJO! When you tell someone to turn las **luces**/the **lights** off (or on), you will normally use the Spanish <u>imperative</u>.

Apaga las luces, por favor: Apaga is the **tú/you** <u>imperative</u> conjugation of the verb **apagar/to turn off**, which may also translate to English as **to switch off, to extinguish** or **to put out**. **Las** (definite article/fem) means **the**. La **luz** (noun/fem)/the **light** goes plural as las **luces**/the **lights**. **Por favor** means **please**.

All together: **Apaga las luces, por favor → Turn off the lights, please**.

In the singular **you** imperative, you will instruct someone in Spanish with **usted, tú** or **vos**. The respective conjugations are shown below for the verbs **apagar/to turn off** and **encender-prender/to turn on**.

¡OJO! While **tú** and **vos** each have a unique affirmative imperative conjugation, they share the same negative imperative conjugation.

Apagar	Usted	Tú	Vos
Turn off the lights	**Apague** las luces	**Apaga** las luces	**Apagá** las luces
Do not turn off the lights	**No apague** las luces	**No apagues** las luces	**No apagues** las luces

Encender	Usted	Tú	Vos
Turn on the lights	**Encienda** las luces	**Enciende** las luces	**Encendé** las luces
Do not turn on the lights	**No encienda** las luces	**No enciendas** las luces	**No enciendas** las luces

Prender	Usted	Tú	Vos
Turn on the lights	**Prenda** las luces	**Prende** las luces	**Prendé** las luces
Do not turn on the lights	**No prenda** las luces	**No prendas** las luces	**No prendas** las luces

¡OJO! You may also ask someone **to put on** the lights with the verb **poner/to put-to put on: Ponga/Pon/Poné** las luces, por favor (usted/tú/vos) → **Put on** the lights, please. Por favor, **no ponga/pongas/pongas** las luces (usted/tú/vos) → Please, **do not put on** the lights.

¿Cómo se dice **indigenous/native** en español?

La Perla: **Indígena** describes a person who is **indigenous** or **native** to a place or locale.

Indígena
Indígena (adj/masc-fem), which has just the one form for gender, means **indigenous**. **Indígena** goes plural as **indígenas**. Un **hombre indígena** is an **indigenous man**, and una **mujer indígena** is an **indigenous woman**. Los **hombres indígenas** are the **indigenous men**, and las **mujeres indígenas** are the **indigenous women**.

Example/Ejemplo: Los guaraníes son un grupo de los pueblos **indígenas** encontrados en Paraguay, Brasil, Bolivia, Argentina y Uruguay → The Guarani are a group of **indigenous** people found in Paraguay, Brazil, Bolivia, Argentina and Uruguay.

Indígena (noun/masc-fem) also has just one form for gender. Having no direct counterpart in English (the English **indigenous** is an adjective, only), **indígena** translates best to English as **native**. **Indígena** goes plural as **indígenas**. Accompanying articles or adjectives must conform for gender and number of the person(s).

Examples/Ejemplos: Para un **indígena** de Perú, él es muy alto → For a **native** of Peru, he is very tall. Ella es una **indígena** de Colombia → She is a **native** of Colombia.*

Because terminology for naming may vary from person to place, you may want to stick with **indígena** to describe persons **indigenous** or **native** to the Americas. So that you are aware, however, you may also run across **indígenas americanos**, **nativos americanos** or **indios** (because the Spanish thought they had discovered India), as well as **indoamericanos** and **amerindios**.

* **Colombia**, el **país/country**, is **Colombia** in both Spanish and English. Una **persona**/a **person** from **Colombia** is un **colombiano** or una **colombiana** in Spanish, and a **Colombian** in English. El **Capitolio**/The **Capitol** of the United States is the city of Washington located in the District of **Columbia** (known as Washington, D.C.).

¿Cómo se dice **I will stop by your house later** en español?

La Perla: While it makes sense to say **I will pass** by your house later, a more comfortable fit in English is **I will stop** by your house later.

Pasaré por tu casa más tarde: **Pasaré** is the **yo/I** future tense conjugation of the verb **pasar/to pass**.* Because **pasaré** is unique to **yo**, **yo** is often left unsaid. **Por** (prep) translates best here as **by**. **Tu** (possessive adj/informal) means **your**. Una **casa** (noun/fem) is a **house**. **Más** (adv) means **more**, and **tarde** (adv) means **late**. Together, **más tarde** (adverbial phrase)/**more late** means **later**.

All together: **Pasaré por tu casa más tarde** → I will pass by your house more late/I will stop by your house later.

¡OJO! The future may also be expressed with **ir/to go** conjugated in the present tense: **Voy a pasar** por tu casa más tarde → I **am going to stop** by your house later.

Conjugation of the Spanish future tense is very regular, with standard endings tacked on directly to the verb infinitive (in a small group of verbs, the infinitive changes a bit before the standard endings are tacked on). The future verb endings are: é/yo; á/usted-él-ella-ello; ás/tú-vos; emos/nosotros-as; and án/ustedes-ellos-ellas. When pronouncing these future verb conjugations, stress the r of the infinitive as **pasaré, pasará, pasarás, pasaremos** and **pasarán**.

Examples/Ejemplos (regular verbs):

Future	Yo	Ud**	Tú/Vos	Nosotros/as	Uds**
Pasar	Pasaré	Pasará	Pasarás	Pasaremos	Pasarán
Estar	Estaré	Estará	Estarás	Estaremos	Estarán
Ser	Seré	Será	Serás	Seremos	Serán
Ir	Iré	Irá	Irás	Iremos	Irán
Llamar	Llamaré	Llamará	Llamarás	Llamaremos	Llamarán
Comer	Comeré	Comerá	Comerás	Comeremos	Comerán
Vivir	Viviré	Vivirá	Vivirás	Viviremos	Vivirán

Examples/Ejemplos (irregular verbs, where d replaces e/i of the infinitive):

Future	Yo	Ud**	Tú/Vos	Nosotros/as	Uds**
Tener	Ten**d**ré	Ten**d**rá	Ten**d**rás	Ten**d**remos	Ten**d**rán
Salir	Sal**d**ré	Sal**d**rá	Sal**d**rás	Sal**d**remos	Sal**d**rán
Poner	Pon**d**ré	Pon**d**rá	Pon**d**rás	Pon**d**remos	Pon**d**rán

* **Pasar**, along with the verbs **suceder** and **ocurrir**, also translates as **to happen**. ¿Qué **pasó**?/What **happened**? ¿Qué **sucedió**?/What **happened**? ¿Qué **occurió**?/What **occurred**-What **happened**?
** **Ud** = Usted/Él/Ella/Ello & **Uds** = Ustedes/Ellos/Ellas.

¿Cómo se dice **I read the report and filled out the form** en español?

La Perla: There is no escaping **informes/reports** and **formularios/forms**.

Leí el informe y llené el formulario: **Leí** is the simple past tense **yo/I** conjugation of the verb **leer/to read**. **Llené** is the simple past tense **yo/I** conjugation of the verb **llenar/to fill-to fill out-to fill in**. Un **informe** (noun/masc), from the verb **informar/to inform**, is a **report**. Un **formulario** (noun/masc), from the verb **formular/to formulate**, is a **form**.

All together: **Leí el informe y llené el formulario** → **I read the report and filled out the form**.

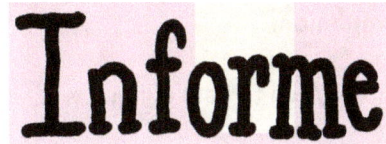

To inform is the essence of un **informe**/a **report**: un **informe** del gobierno/a government **report**; un **informe** de laboratorio/a laboratory **report**; un **informe** anual/an annual **report**; un **informe** sobre la economía/a **report** about the economy; and so on.

The Spanish **formulario** is a longer version of the English **form**. **Formularios/Forms** are necessary to: open a bank account; clear customs and immigration; file a tax return; see a doctor; and for just about everything else.

¿Cómo se dice **I am going to lunch with my classmates** en español?

Voy a almorzar con mis compañeros de clase: **Voy** is the **yo/I** present tense conjugation of the verb **ir/to go**. Because **voy** is unique to **yo**, **yo** is commonly left unsaid in Spanish. **A** (prep) means **to**. The verb **almorzar** means **to lunch**. **Con** (prep) means **with**. **Mi** (possessive adj) means **my**. **De** (prep) means **of/from**. Una **clase** (noun/fem) is a **class**.

Compañero/a means **companion**. For example, un **compañero de viaje** is a **traveling companion**, and un **compañero** de un **guante** is a **companion** of a **glove**. In other uses, though, it is common in English to substitute **mate** for **companion**.

¡OJO! Present tense Spanish often translates to the English **ing** verb form, from **Voy/I go** to **I am going**.

All together: **Voy a almorzar con mis compañeros de clase** → **I am going to lunch with my companions of class/I am going to lunch with my classmates**.

¡OJO! While **almorzar** literally means **to lunch**, **almorzar** often translates to English as **to eat lunch** or **to have lunch**: Voy a **almorzar** con mis compañeros de clase → I am going **to eat lunch** with my classmates/I am going **to have lunch** with my classmates.

¡OJO! From the verb **ayunar/to fast**, the verb **desayunar** means **to breakfast**. **Desayunar** often translates to English as **to eat breakfast** or **to have breakfast**. The verb **cenar** means **to dine**. **Cenar** often translates to English as **to eat dinner** or **to have dinner**.

Desayunar: Voy a **desayunar** con mis compañeros de clase → I am going **to breakfast** with my classmates/I am going **to eat breakfast** with my classmates/I am going **to have breakfast** with my classmates.

Cenar: Voy a **cenar** con mis compañeros de clase → I am going **to dine** with my classmates/I am going **to eat dinner** with my classmates/I am going **to have dinner** with my classmates.

¡OJO! The three main meals of the day are el **desayuno** (noun/masc), el **almuerzo** (noun/masc) and la **cena** (noun/fem), known in English as **breakfast, lunch** and **dinner**.

Examples/Ejemplos with Compañero/a:

Compañero/a de clase	→ Classmate, Schoolmate
Compañero/a de juego	→ Playmate
Compañero/a de equipo	→ Teammate
Compañero/a de cuarto	→ Roommate
Compañero/a de piso	→ Flatmate
Compañero/a de trabajo	→ Workmate, Coworker/Co-worker
Compañero/a de viaje	→ Traveling companion

¿Cómo se dice **baggage** en español?

Equipaje: Equipaje (noun/masc) means **baggage**, as well as **luggage**. You will see signs for **equipaje** in airports all over the world.* Just follow the signs for **equipaje** which will take you to **baggage claim**.

Equipaje refers to the various pieces which constitute one's **baggage**, or **luggage**. Individual pieces of **equipaje** have their own names: una **maleta**/a **suitcase** (known in Argentina as una **valija**, literally a **valise**); un **bolso de viaje-bolso de lona**/a **duffel bag**; **equipaje de mano**/hand luggage-carry-on luggage; un **maletín**/a **briefcase**; una **mochila**/a **backpack**; and un **baúl**/a **trunk**.

¡OJO! While Spanish nouns ending in **ión** are usually feminine (for example, la **transportación**/transportation, la **aviación**/aviation and la **tripulación**/flight crew), what you fly in is the masculine el **avión**/plane. On the ground, you may drive the masculine el **camión**/truck.

Examples/Ejemplos:

¿Dónde está el **reclamo de equipaje**? Where is **baggage claim**?
¿Dónde está la **zona de recogida de equipaje**? Where is the **baggage claim area**?
¿Dónde puedo reclamar el **equipaje**? Where can I claim my **luggage**?

* Ranked by the number of "native" speakers, the top three languages of the world are: **Chinese** → **Spanish** → **English** (English)/**chino** → **español** → **inglés** (español) (unless beginning a sentence, languages are generally not capitalized in Spanish).

¿Cómo se dice **I do not remember** en español?

La Perla: **To remember** goes Spanish with the verbs **recordar** and **acordarse**.

No recuerdo: **No** (adv) means **no/not**. **Recuerdo** is the **yo/I** present tense conjugation of the verb **recordar/to remember-to recall**. Because **recuerdo** is unique to **yo, yo** is often left unsaid in Spanish.

All together: **No recuerdo → I do not remember/I do not recall**.

No me acuerdo: **No** (adv) means **no/not**. **Me** (reflexive pron) means **myself**. The verb **acordar** means **to agree**, as well as **to remind**. The reflexive verb **acordarse/to agree oneself-to remind oneself** translates best as **to remember/to recall**. Because **acuerdo** is unique to **yo, yo** is often left unsaid in Spanish.

All together: **No me acuerdo → I do not agree myself-remind myself/I do not <u>remember</u>/I do not <u>recall</u>**.

¡OJO! **Recordar** and **acordarse** share the characteristic of the **o** splitting into **ue** in present tense conjugations (except for **vos** and **nosotros/as**).

When **followed** by <u>something</u>/<u>someone</u> or a <u>verb</u>, the reflexive verb **acordarse** needs the preposition **de**. **No me acuerdo de eso → I do not agree-remind myself of that/I do not remember-recall that**.

Related Vocabulary: Un **acuerdo** (noun/masc), literally an **accord**, is also an **agreement**. **Estoy de acuerdo/I am of accord-agreement** translates best to English as **I am in agreement**, or simply **I agree**.

Examples/Ejemplos:

Recuerdo. I **remember**.
Me acuerdo. I **remember**.
Voy a ir si **recuerdo**. I am going to go if I **remember**.
Voy a ir si **me acuerdo**. I am going to go if I **remember**.
¿No **recuerdas** eso? You do not **recall** that?
¿No **te acuerdas de** eso? You do not **recall** that?
Diego nunca **recuerda** alimentar **al** gato.* Diego never **remembers** to feed the cat.
Diego nunca **se acuerda de** alimentar **al** gato.* Diego never **remembers** to feed the cat.
Siempre **recordamos** cepillarnos los dientes. We always **remember** to brush our teeth.
Siempre **nos acordamos de** cepillarnos los dientes. We always **remember** to brush our teeth.
"**Recuérda**me" → "**Remember** me"**
Estoy de **acuerdo** → I **agree**.

* Personal **a** (a**l** = a + el). The personal **a** may used to <u>personify</u> a <u>specific</u> <u>non-person</u> (the most common example being one's pet). The personal **a** does not exist in English.
** Song title (conjugated in the imperative for **tú/you**) from the animated movie *Coco*, Walt Disney Pictures/Pixar Animation Studios (2017).

¿Cómo se dice **I want to try that dessert** en español?

La Perla: With food and drink, **probar/to probe-to prove-to test** translates best as **to try** or **to taste**.

Quiero probar ese postre:
Quiero is the present tense **yo/I** conjugation of the verb **querer/to want**. The verb **probar** means **to probe**, as well as **to prove** or **to test**. When **probing/proving/testing** un **postre** (noun/masc)/a **dessert, probar** translates best to English as **to try** or **to taste**. **Ese** (demonstrative pron/masc) means **that**.

All together: **Quiero probar ese postre** → I want to probe-prove-test that dessert/I want to <u>try</u> that dessert/I want to <u>taste</u> that dessert.

¡OJO! While the verb **saber** generally means **to know, saber** also means **to taste**. Este postre **sabe** a miel → This dessert **tastes** like honey. Relatedly, un **sabor** (noun/masc) is a **taste** or a **flavor**. Este postre tiene un **sabor** a miel → This dessert has a **taste** of honey/This dessert has a **flavor** of honey.

¡OJO! The reflexive verb **probarse/to probe-to prove-to test oneself** is used **to try on** clothes. ¿Puedo **probarme** la camisa blanca? → Can I **probe/prove/test myself** the white shirt/Can I **try on** the white shirt?

Examples/Ejemplos:

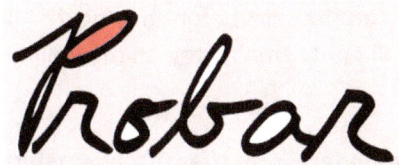

¿Puedo **probar** una empanada criolla? Can I **try** a creole empanada?
Sí, y **prueba** la salsa picante también.* Yes, and **try** the hot sauce too.
Quiero **probar** el queso de cabra. I want to **taste** the goat cheese.
¿**Probaste** el helado de tiramisú? You **tried** the tiramisu ice cream?
No, pero **probé** el helado de vainilla. No, but I **tasted** the vanilla ice cream.
Sabe a canela con un ligero **sabor** a jengibre. It **tastes** like cinnamon with a light **flavor** of ginger.
Quiero **probarme** los guantes rojos, por favor. I want **to try on** the red gloves, please.

* Imperative conjugated for **tú/you**.

¿Cómo se dice **I want to try on the white shirt** en español?

La Perla: With clothes, **probarse/to probe-to prove-to test oneself** means **to try on**.

Quiero probarme la camisa blanca: Quiero is the yo/I present tense conjugation of the verb **to want**. The verb **probar** means **to probe/to prove/to test**. With **ropa** (noun/fem)/**clothes**, the reflexive verb **probarse/to probe-to prove-to test oneself** translates best as **to try on**. **Me** (reflexive pron) means **myself**. **La** (definite article/fem) means **the**. Una **camisa** (noun/fem) is a **shirt**. **Blanco/a** (adj) means **white**.

All together: **Quiero probarme la camisa blanca** → I want to probe-prove-test myself the white shirt/I want to try on the white shirt.

¡OJO! Me can also come before the conjugated verb **quiero:** Me quiero probar la camisa blanca → I want to try on the white shirt.

Examples/Ejemplos:

¿Quieres **probarte** la campera azul? Do you want to **try on** the blue jacket?
Quiero **probarme** esta bufanda. I want to **try on** this scarf.
¿Te gustaría **probarte** el buzo?* Would you like to **try on** the sweatshirt?
Ella quiere **probarse** el vestido rojo. She wants to **try on** the red dress.
Paula preferiría **probarse** la falda antes de comprarla. Paula would prefer to **try on** the skirt before buying it.
Me probé los guantes, pero no me quedan bien. I **tried on** the gloves, but they did not remain-stay on me well →
I **tried on** the gloves, but they did not fit well/look good on me/suit me.

* Un **buzo** (noun/masc) is the common term for a **sweatshirt** in Argentina. Una **sudadera** (noun/fem)/a **sweatshirt** is more common elsewhere (related to the verb **sudar/to sweat** and **sudor** (noun/masc)/**sweat**).

¿Cómo se dice I need to check my email en español?

La Perla: The Spanish verb **revisar**, meaning **to revise**, also means **to review**, as in **to check** one's **email**.

The Complete Circle: Electronic **mail** is the source of the English word **email**, and **email** (noun/masc), or just **mail**, is commonly accepted in Latin American Spanish. You won't find **email** in the dictionary of Spain's Real Academia Española, however, where **email** is known as **correo** electrónico, meaning electronic **mail**.

Necesito revisar el email:
Necesito is the **yo/I** conjugation of the verb **necesitar/to need**. In the context of **email**, **revisar** commonly means **to review**, as in **to check** one's **email**. **El** (definite article/masc) means **the**. El **email** (noun/masc) is the **email**.

¡OJO! Spanish is generally less possessive than English. As such, in Spanish one would generally say **Necesito revisar el email**, while in English one would probably say **I need to check my email**.

All together: **Necesito revisar el email → I need to review the email/I need to check my email**.

¡OJO! As a rule, nouns from other languages come into Spanish as masculine nouns. **Email** follows this rule: Por error, borré **un email → By mistake, I erased an email**.

¡OJO! An **email address** is una **dirección de email**, in a form such as info@ihablo.com. The Spanish la **arroba** (noun/fem) = @ = the English **at**, also known as the **at sign** or **at symbol**.

When you **check** your **email** in a Spanish-speaking country, you may find the language of your browser has changed to Spanish (to match your location). If you use a public computer at a hotel or an internet cafe, the language will almost certainly be Spanish. Take note of the following vocabulary to help you navigate to and from your **email** account.

Vocabulary/Vocabulario - Español → Inglés:

Español	Inglés
Iniciar sesión (to initiate session) →	Sign in
Acceder (to access) →	Sign in
Correo electrónico →	Email
Más opciones →	More options
Siguiente →	Next
Ingresa tu contraseña →	Enter your password
¿Olvidaste la contraseña? →	Forgot your password?
Mi cuenta →	My account
Salir (to go out/to leave/to exit) →	Sign out
Agregar una cuenta →	Add an account

¿Cómo se dice **can I ask you a question?** en español?

La Perla: In Spanish you must avoid the redundant **preguntar una pregunta**.

¡OJO! There are two ways to get around the above: **1)** Phrase the question with the verb **hacer/to make-to do** in the form **hacer una pregunta/to make a question;** or **2)** Replace una **pregunta** with **algo/something** as in **preguntar algo/to ask something**.

¡OJO! In English it is perfectly OK **to ask a question/preguntar una pregunta**.

¿Puedo hacerte una pregunta?:
Puedo is the **yo/I** present tense conjugation of the verb **poder/to be able to**. **Puedo/I am able to** often translates to English as **I can**. The verb **hacer** means **to make** or **to do**. The familiar **te** (indirect object pron)/**you** translates to English **to you**, or just **you**. **Una** (indefinite article/fem) means **a** or **an**. The direct object una **pregunta** (noun/fem) is a **question**.

All together: **¿Puedo hacerte una pregunta?** → **Am I able to make to you a question?/<u>Can</u> I <u>ask</u> you a question?**

Te may also come before the conjugated **puedo**: **¿Te puedo hacer una pregunta?** → **Can I ask you a question?**

Alternatively, you can ask **¿Puedo preguntarte algo? Preguntar** is the verb for **to ask**. **Algo** (direct object pron) means **something**.

All together: **¿Puedo preguntarte algo?** → **Am I able to ask to you something?/Can I ask you something?**

Te may also come before the conjugated **puedo**: **¿Te puedo preguntar algo?** → **Can I ask you something?**

¡OJO! An even simpler workaround: **¿Una pregunta?** → **A question?**

Examples/Ejemplos:

Necesito **hacer**te una **pregunta**. I need **to make** to you a **question**/I need **to ask** you a **question**.
¿Puedo **hacer**le una **pregunta** a Andrés? Can I **ask** Andrew a **question?**
Sí, podés **hacer**nos una **pregunta** (vos). Yes, you can **ask** us a **question**.
Necesito **preguntar**te algo. I need **to ask** to you something/I need **to ask** you something.
¿Puedo **preguntar**le algo a Andrés? Can I **ask** Andrew **something?**
Sí, podés **preguntar**nos algo (vos). Yes, you can **ask** us **something**.
Perdón, ¿una **pregunta**? ¿Hay una farmacia por acá? → Pardon, **a question?** Is there a pharmacy around here?
Perdón, ¿una **consulta**?* ¿Hay una farmacia por aquí? → Pardon, **a query?** Is there a pharmacy around here?

* **¿Una consulta?**, meaning a **consult/consultation/inquiry/query**, may be used just like **¿Una pregunta?**

¿Cómo se dice two monks were rescued by firefighters en español?

Dos monjes fueron rescatados por bomberas: **Dos** (adj) means **two**. Un **monje** (noun/masc) is a **monk**, and una **monja** (noun/fem) is a **nun**. From **ser/to be**, **fueron/were** is the simple past tense conjugation for los **monjes**. **Rescatados** (adj/masc), from the past participle of the verb **rescatar/to rescue**, means **rescued**. **Por** (prep) translates best here as **by**. Una **bombera** (noun/fem) is a **firewoman** or **firefighter**, and unas **bomberas** (noun/fem) are **firewomen** or **firefighters**.

¡OJO! The phrase **monjes fueron rescatados/monks were rescued** is known as la voz pasiva/the passive voice. This structure is common in news and newspaper headlines.

All together: **Dos monjes fueron rescatados por bomberas** → **Two monks were rescued by firewomen/Two monks were rescued by firefighters**.

Con **monjas**: **Dos monjas fueron rescatadas por bomberas** → **Two nuns were rescued by firewomen/firefighters**.

¡OJO! **Bombero/a** is but one example from a group of Spanish nouns ending in **ero/era** which describe a person's occupation or vocation.

Examples/Ejemplos - Spanish → Inglés:

- **Bombero/a** (una bomba = a pump, as well as a bomb) → **Firefighter/Fireman/Firewoman**
- **Barbero/a** (una barba = a beard) → **Barber**
- **Cajero/a** (un cajero automático = an automatic teller/ATM) → **Cashier/Teller**
- **Camarero/a** → **Waiter/Waitress**
- **Carnicero/a** (una carnicería = a butcher shop) → **Butcher**
- **Carpintero/a** (carpintear - to carpenter) → **Carpenter**
- **Cartero/a** (una carta = a letter) → **Mailman/Postman/Mail carrier**
- **Cerrajero/a** (cerrar - to close/to lock) → **Locksmith**
- **Cocinero/a** (cocinar - to cook) → **Cook**
- **Enfermero/a** (enfermo/a = sick/sick person) → **Nurse**
- **Ingeniero/a** (la ingeniería = engineering) → **Engineer**
- **Jardinero/a** (un jardín = a garden) → **Gardener**
- **Joyero/a** (una joya = a jewel) → **Jeweler**
- **Lavandero/a** (lavar - to wash) → **Laundryman/Laundress**
- **Marinero/a** (la Marina = the Navy) → **Mariner/Sailor/Seaman/Seafarer**
- **Panadero/a** (el pan = the bread) → **Baker**
- **Peluquero/a** (la peluquería = the hairdresser's) → **Hairdresser**
- **Plomero/a** (el plomo = lead) → **Plumber**
- **Relojero/a** (un reloj = a watch) → **Watchmaker**
- **Zapatero/a** (un zapato = a shoe) → **Shoemaker/Cobbler**

¿Cómo se dice **she patiently awaits her son** en español?

Ella espera pacientemente a su hijo: **Ella** (subject pron/fem) means **she**. **Espera** is the **ella/she** present tense conjugation of the verb **esperar/to await-to wait**. **Pacientemente** (adv) means **patiently**. **Su** (possessive adj) means **her**. **Hijo** (noun/masc) means **son**. The **personal a** is required here before **su hijo**, a direct object representing a specific person. There is no **personal a** in English.

¡OJO! Prepositions tend to work a bit differently with Spanish and English verbs. In Spanish, for example, no preposition is necessary after **esperar**. In English, while no preposition is needed after **to await**, the preposition **for** is required after **to wait**.

All together: **Ella espera pacientemente a su hijo** → She patiently awaits her son/She patiently waits **for** her son.

Related Vocabulary: Un/Una **paciente** (noun/masc-fem) is a **patient**. Ella es una **paciente** de esta clínica/She is a **patient** of this clinic. **Paciente** (adj) also means **patient**. Él es muy **paciente**/He is very **patient**. **Paciencia** (noun/fem) means **patience**. No tenemos **paciencia**/We have no **patience**.

Spanish adjectives ending in **ente**, such as **paciente**, usually have the same meaning and nearly the same spelling in English. Many can be turned into Spanish adverbs by adding **mente**, and into English adverbs by adding **ly**: Paciente + mente → **Pacientemente** = **Patiently** ← Patient + ly.

This ¿Cómo se dice? is a **vocabulary builder!** Examples/Ejemplos:

Adjectives - Español/English	Adverbs - Español/English
Aparente/Apparent	→ Aparentemente/Apparently
Coherente/Coherent	→ Coherentemente/Coherently
Coincidente/Coincident	→ Coincidentemente/Coincidentally
Competente/Competent	→ Competentemente/Competently
Consistente/Consistent	→ Consistentemente/Consistently
Conveniente/Convenient	→ Convenientemente/Conveniently
Diferente/Different	→ Diferentemente/Differently
Decente/Decent	→ Decentemente/Decently
Eficiente/Efficient	→ Eficientemente/Efficiently
Evidente/Evident	→ Evidentemente/Evidently
Indecente/Indecent	→ Indecentemente/Indecently
Independiente/Independent	→ Independientemente/Independently
Inocente/Innocent	→ Inocentemente/Innocently
Inteligente/Intelligent	→ Inteligentemente/Intelligently
Permanente/Permanent	→ Permanentemente/Permanently
Prudente/Prudent	→ Prudentemente/Prudently
Suficiente/Sufficient	→ Suficientemente/Sufficiently
Transparente/Transparent	→ Transparentemente/Transparently
Urgente/Urgent	→ Urgentemente/Urgently

¿Cómo se dice **what do you do?** en español?

La Perla: English uses the verb **to do/hacer** to ask what one **does** for work or for a living. Spanish uses the reflexive verb **dedicarse/to dedicate oneself** to ask what one **dedicates** oneself to for work or for a living.

¿A qué se dedica?: A (prep) means **to**. Qué (interrogative pron/invariable) means **what**. Se (reflexive pron) means **yourself**. Se dedica is the present tense **usted/you** conjugation of the reflexive verb **dedicarse/to dedicate onself**.*

All together: **¿A qué se dedica? → To what do you dedicate yourself?/What do you do?**

¡OJO! In translation, English is sometimes clarified as: **¿A qué se dedica? → What do you do for a living?**

¡OJO! In reply, use the verb **ser/to be**. Note too that the indefinite articles **un/una** and **unos/unas** are omitted in Spanish, while the singular indefinite articles **a/an** are stated in English.

Examples/Ejemplos:

¿A qué **se dedica** (usted)?/What do **you do?** Soy **cartero** (male)/I am **a mailman**.
¿A qué **te dedicas** (tú)?/What do **you do?** Soy **ingeniera** (female)/I am **an engineer**.
¿A qué **te dedicás** (vos)?/What do **you do?** Soy **enfermero** (male)/I am **a nurse**.
¿A qué **se dedica** ella?/What does **she do?** Es **cajera** (female)/**She** is **a cashier**.
¿A qué **se dedican** ustedes?/What do **y'all do?** Somos **jardineros** (males/mixed)/**We are gardeners**.
¿A qué **se dedican** ellas?/What do **they do?** Son **plomeras** (females)/**They are plumbers**.
¿A qué **me dedico?**/What do **I do?** Soy **físico** nuclear (male)/I am **a nuclear physicist**.
¿A qué **nos dedicamos?**/What do **we do?** Somos **bomberos** (males/mixed)/**We are firefighters**.

* The reflexive pronoun **se** has several meanings, including **yourself, himself, herself, oneself, itself, yourselves** and **themselves**. The rest of the reflexive pronouns are **me/myself, te/yourself, nos/ourselves** and **os/yourselves** (used almost exclusively in Spain).

¿Cómo se dice **it is a question of honor** en español?

¡OJO! You already know the English verbs **to question** and **to ask**. You also know there is a difference between **to question** someone or something and **to ask** someone something. Spanish works this same way with the verbs **cuestionar/to question** and **preguntar/to ask**.

¡OJO! Despite English having two distinct verbs, **to question** and **to ask**, there is but one English noun for a **question**. In Spanish, by comparison, the verbs **cuestionar** and **preguntar** each have a corresponding noun, una **cuestión** and una **pregunta**.

La Perla: Una **cuestión** means a **question** in the sense of una **cuestión** de honor/a **question** of honor, una **cuestión** de tiempo/a **question** of time or una **cuestión** de integridad/a **question** of integrity. Una **pregunta**, on the other hand, is a **question** that you put to someone.

Es una cuestión de honor:
Es, from the verb **ser/to be**, is the present tense conjugation for an unstated **ello/it** (for example, **to show respect**). Una **cuestión** (noun/fem), from the verb **cuestionar/to question**, is a **question**. Una **cuestión** may also translate to a **matter** or **issue**. **De** (prep) means **of/from**. Un **honor** (noun/masc) is an **honor**.

All together: **Es una cuestión de honor → It is a question of honor.**

Related Vocabulary: Un **asunto** (noun/masc) is a **matter**, as well as an **issue**.

Examples/Ejemplos:

Es una **cuestión** de integridad. It is a **question** of integrity.
Ser o no ser, esa es la **cuestión**. To be or not to be, that is the **question**.
Esa es otra **cuestión**. That is another **question**.
Es una **cuestión** importante. It is an important **question**.
Es una **cuestión** de fe. It is a **matter** of faith.
La **cuestión** es tu habilidad, no tu deseo. The **issue** is your ability, not your desire.
Cuestiono tu sinceridad. I **question** your sincerity.
Es un **asunto** de gran importancia.* It is a **matter** of great importance.
Es un **asunto** de moralidad. It is an **issue** of morality.
Hay veinte **preguntas** en el examen. There are twenty **questions** on the exam.
¿Puedo hacerte una **pregunta**? Can I make to you a **question**?/Can I ask you a **question**?
¿Puedo **preguntar**te algo? Can I ask to you something?/Can I ask you something?

* **Grande** (adj)/**Big-Large** shortens to **gran** before singular nouns (masculine or feminine). **Gran**, in turn, often translates as **great**.

¿Cómo se dice until later en español?

La Perla: La Real Academia Española defines **luego** as **más tarde/later** or **después/after**. In English there is also the option of **then**.

Hasta luego:
Hasta (prep) means **until**. **Luego** (adv) means **later** or **after**, and sometimes **then**. As an English speaker, you will naturally know which sounds best. **Hasta luego**, a common Spanish farewell, is often used like the English farewell **see you later**, or just **later**.

All together: **Hasta luego →** Until later/<u>See</u> you later/Later

A companion farewell to **hasta luego** is **hasta pronto/until soon**, which is used like the English farewell **see you soon**. Voy a estudiar, **hasta pronto →** I am going to study, **until soon**/I am going to study, **see you soon**.

¡OJO! In spoken Spanish, **hasta** may shorten to just **'ta**. When this happens, **hasta luego** and **hasta pronto** will be heard as **'ta luego** and **'ta pronto**.

¡OJO! **Hasta la vista**, literally **until the view/sight**, translates more naturally to English as **see you later**.

Examples/Ejemplos:

Chau, **hasta luego**. Bye, **until later/see you later/later**.
Disfruté la película, **hasta luego**. I enjoyed the movie, **see you later**.
Voy a acostarme, **hasta luego**. I am going to bed, **later**.*
Chau, gracias, **'ta luego**. Bye, thanks, **see you later**.
Te veo al medio día, **hasta luego**. I will see you at noon, **until then**.
Adiós, **hasta pronto**. Bye, **see you soon**.
Chau, **'ta pronto**. Bye, **see you soon**.
Voy a Portugal y **luego** a España. I am going to Portugal and **then** to Spain.
Ella me escribió, y **luego** me llamó. She wrote to me, and **then** she called me.
Me gusta almorzar y tomar una siesta **luego**. I like to eat lunch and to take a nap **after**.**
"**Hasta** la vista, baby."*** See you later, baby.

* The reflexive verb **acostarme/to lie oneself down** is also used to express **to go to bed**.
** With **después** (adv)/**after**: Me gusta almorzar y tomar una siesta **después →** I like to eat lunch and to take a nap **after**.
*** Arnold Schwarzenegger, *Terminator 2: Judgement Day* (1991).

¿Cómo se dice **I am arriving on Wednesday** en español?

La Perla: How does one say **on Monday**, **on Tuesday**, **on Wednesday**, **on Thursday**, **on Friday**, **on Saturday** and **on Sunday** in Spanish? With **el**/**the** (definite article/masc) one says **el lunes**, **el martes**, **el miércoles**, **el jueves**, **el viernes**, **el sábado** and **el domingo**.*

¡OJO! The Spanish days of the week are all <u>masculine</u>. Unless beginning a sentence, the days are not generally capitalized in Spanish.

¡OJO! The weekdays **lunes** through **viernes** have just one form (with an **s**), where the definite articles **el** and **los** show <u>singular</u> or <u>plural</u>: Como fideos **el martes**/I eat noodles **on Tuesday**. Como fideos **los martes**/I eat noodles **on Tuesdays**.

¡OJO! The weekend days **sábado** and **domingo** have a <u>singular</u> and <u>plural</u> form: Como empanadas **el sábado**/I eat empanadas **on Saturday**. Como empanadas **los sábados**/I eat empanadas **on Saturdays**.

Llego el miércoles: **Llego** is the present tense **yo**/**I** conjugation of the verb **llegar**/**to arrive**. **Llego** commonly translates to English as **I arrive** or **I am arriving**. **El** (definite article/masc) means **the**, and **miércoles** (noun/masc) means **Wednesday**.

All together: **Llego el miércoles** → I arrive the Wednesday/I arrive-am arriving <u>on</u> Wednesday.

Examples/Ejemplos:

Me voy **el jueves**. I am going away **on Thursday**.**
Me voy a España **el jueves**. I am leaving for Spain **on Thursday**.**
Regreso de España **el martes**. I return from Spain **on Tuesday**.
Me encanta ir al gimnasio **los domingos**. I love to go to the gym **on Sundays**.
El sábado trabajo por la mañana. **On Saturday** I work in the morning.
A menudo visito **a** mis padres **los viernes**.*** I often visit my parents **on Fridays**.
Ojalá yo llegue **el lunes**.**** God willing/Hopefully I arrive **on Monday**.

* ¿Cómo se dice **el lunes**, **el martes**, **el miércoles**, **el jueves**, **el viernes**, **el sábado** y **el domingo** en inglés? Con **on**/**en** (prep) se dice **on Monday**, **on Tuesday**, **on Wednesday**, **on Thursday**, **on Friday**, **on Saturday** y **on Sunday**.
** The reflexive verb **irse**/**to go oneself** translates more naturally to English as **to go away** or **to leave**. **Me voy**/**I am going away-I am leaving**. Un **destino** (noun/masc)/a **destination**, such as **España**/**Spain**, is optional.
*** Personal **a**.
**** **Llegue** is the present tense subjunctive conjugation for **yo**/**I**.

¿Cómo se dice **I am going home** en español?

Take away **la** (definite article/fem), or **mi, tu, nuestra, su** (possessive adjectives), and **casa/house** takes on the meaning **home**.

Voy a casa: **Voy** is the present tense **yo/I** conjugation of the verb **ir/to go**. **A** (prep) means **to**. Una **casa** (noun/fem) is a **house**.

¡OJO! Present tense Spanish often translates to the English **ing** verb form, from **Voy/I go** to **I am going**.

All together: **Voy a casa** → I go-I am going to house/I am going <u>home</u>.

Related Vocabulary: **Hogar** (noun/masc) literally means **home**: Barcelona es mi **hogar** → Barcelona is my **home**.

Examples/Ejemplos:

Voy a **la casa**	→ I am going to **the house**.
Voy a **mi casa**	→ I am going to **my house**.
Voy a **casa**	→ I am going **home**
¿Vas a **la casa**?	→ Are you going to **the house**?
¿Vas a **tu casa**?	→ Are you going to **your house**?
¿Vas a **casa**?	→ Are you going **home**?
Vamos a **la casa**	→ We are going to **the house**.
Vamos a **nuestra casa**	→ We are going to **our house**.
Vamos a **casa**	→ We are going **home**.
Van a **la casa**	→ They are going to **the house**.
Van a **su casa**	→ They are going to **their house**.
Van a **casa**	→ They are going **home**.
Estoy en **la casa**	→ I am in **the house**.
Estoy en **mi casa**	→ I am in **my house**.
Estoy en **casa**	→ I am **home**.
Lucas está cerca **de la casa**	→ Luke is close **to the house**.*
Lucas está cerca **de su casa**	→ Luke is close **to his house**.*
Lucas está cerca **de casa**	→ Luke is close **to home**.*
Lucas ya está en **casa**	→ Luke is already **home**.

* It is common for Spanish and English to use different prepositions in otherwise equivalent expressions. Spanish uses **de/of-from** following **cerca**, whereas English uses **to/a** after **close**.

¿Cómo se dice **at what time do you arrive?** en español?

La Perla: While there is no preposition in Spanish for **at**, the Spanish preposition **a** (meaning **to**) often translates to English as **at**.

¿A qué hora llegas?: **A** (prep) means **to**. **Qué** (interrogative adj/invariable) means **what**. Una **hora** (noun/fem) is an **hour**. **Llegas** is the **tú/you** present tense conjugation of the verb **llegar/to arrive**. **Llegás** is the **vos/you** present tense conjugation.

¡OJO! In Spanish one asks **a qué hora**/**to what hour**, while in English one asks **at** **what hour**, or more commonly **at** **what** **time**.

All together: **¿A qué hora llegas?** → To what hour do you arrive?/<u>At</u> what hour do you arrive?/<u>At</u> what <u>time</u> do you arrive?

¡OJO! Alternatively with **cuándo** (adv)/**when**: **¿Cuándo llegas?** → When do you arrive?

Examples/Ejemplos:

¿A qué **hora** llegas (tú)? At what **hour/time** do you arrive?
¿A qué **hora** llegás (vos)? At what **time** do you arrive?
¿A qué **hora** llega (usted)? At what **time** do you arrive?
¿A qué **hora** llega (él/ella)? At what **time** does he/she/it arrive?*
¿A qué **hora** llega el tren? At what **time** does the train arrive?
¿A qué **hora** llegan (ustedes/ellos/ellas)? At what **time** do y'all/they arrive?
¿A qué **hora** llegamos (nosotros/as)? At what **time** do we arrive?
¿Cuándo llegas (tú)? **When** do you arrive?
¿Cuándo llegás (vos)? **When** do you arrive?
¿Cuándo llega (usted)? **When** do you arrive?
¿Cuándo llegan (ustedes)? **When** do y'all arrive?

* **Él** can represent **he**, the **person**, or **it**, standing for a <u>masculine</u> **noun** such as el **tren**/the **train**. **Ella** can represent **she**, the **person**, or **it**, standing for a <u>feminine</u> **noun** such as la **delegación**/the **delegation**.

¿Cómo se dice **he is very nice** en español?

La Perla: In English, particularly American English, it is quite common to say **He is nice, She is nice, They are nice,** etcetera. In Spanish, perhaps the closest equivalent to **nice** is **simpático/a**. Él es simpático, Ella es simpática, **Ellos son simpáticos**, etcétera.

Él es muy simpático
Él (subject pron/masc) means **he**. Es is the **él/he** present tense conjugation of the verb **ser/to be**. Muy (adv) means **very**. Simpático/a (adj) means **nice**, as well as **likeable, friendly** and **pleasant**.

All together: **Él es muy simpático** → He is very nice. With **ella**: **Ella es muy simpática** → She is very nice.

Related Vocabulary: You will also hear **amable** (adj)/**amiable** for **nice**: Él es muy **amable** → He is very **nice**. Another choice for **nice** is **agradable** (adj)/**agreeable**: Ella es muy **agradable** → She is very **nice**. **Amable** and **agradable** have the benefit of having just one form for gender!

Examples/Ejemplos:

Santiago es muy **simpático**. Santiago is very **nice**.
Mi profesora es muy **simpática**. My professor is very nice.
Mis vecinos son muy **simpáticos** (males/mixed). My neighbors are very **nice**.
Mi suegro es tan **simpático**. My father-in-law is so **nice**.
Pero mi suegra no es muy **simpática**. But my mother-in-law is not very **nice**.
Mi profesor de español es increíblemente **simpático**. My Spanish teacher is incredibly **nice**.
Mi tío es muy **amable**. My uncle is very **nice**.
Mi tía es muy **agradable**. My aunt is very **nice**.

¿Cómo se dice **I am taking an umbrella just in case** en español?

La Perla: **Por las dudas**, literally **by reason of** or **for the doubts**, translates best to English as **just in case**.

Llevo un paraguas por las dudas:
Llevo is the **yo/I** present tense conjugation of the verb **llevar/to take-to carry**. Because **llevo** is unique to **yo**, **yo** is often left unsaid. Un **paraguas** (noun/masc) is an **umbrella**. **Por** (prep) translates best here as **by reason of**, or simply **for**. **Las** (definite article/fem) means **the**. Una **duda** (noun/fem), from the verb **dudar/to doubt**, is a **doubt**. **Por las dudas/By reason of-for the doubts** translates best to English as **just in case**.

¡OJO! Present tense Spanish often translates to the English ing verb form, from **Llevo/I take** to **I am taking**.

All together: **Llevo un paraguas por las dudas** → I take-am taking an umbrella by reason of-for the doubts/**I am taking an umbrella just in case**.

¡OJO! **Por si acaso** may be used interchangeably with **por las dudas**. **Si** (prep) means **if**, and **acaso** (adv) means **perhaps**. **Por si acaso** → By reason of-for if perhaps/**Just in case**.

All together: **Llevo un paraguas por si acaso** → **I am taking an umbrella** by reason of-for if perhaps/**I am taking an umbrella just in case**.

Related Vocabulary: **Sin** (prep) means **without**, and **sin duda** means **without doubt**.

Examples/Ejemplos:

Por las dudas voy a llevar un paraguas. **Just in case** I am going to take an umbrella.
Por las dudas voy a medirlo dos veces. **Just in case** I am going to measure it two times/twice.
Tomaré mi licencia de conducir **por las dudas**. I will take my driver's license **just in case**.
Por las dudas anota la fecha.* **Just in case** note down the date/**Just in case** make a note of the date.
Voy a llegar temprano **por las dudas**. I am going to arrive early **just in case**.
Voy a llegar temprano **por si acaso**. I am going to arrive early **just in case**.
Sin duda va a llover. **Without doubt** it is going to rain.

* **Anota**, from the verb **anotar/to note down-to make a note of**, is the imperative conjugation for the familiar **tú/you**. With the familiar **vos/you:** Por las dudas, **anotá** la fecha. With the formal **usted/you:** Por las dudas, **anote** la fecha.

¿Cómo se dice **which or what?** en español?

La Perla: When asking a question in Spanish, you need to know when to use **cuál**/which or **qué**/what. The below two rules work most of the time.

1) Before the verb **ser**/to be, use **cuál**; and
2) Before any other verb or a noun, use qué.

¿Cuál o qué?: Cuál (interrogative pron) means **which**. Qué (interrogative pron/invariable) means **what**.

Cuál and qué do not change for gender. **Cuál** changes for number from **cuál** singular to **cuáles** plural. Qué is just qué, singular or plural.

¡OJO! When in Spanish one asks **cuál**/which, in English one usually asks what. **¿Cuál** es tu nombre? → **Which** is your name?/What is your name?

Examples/Ejemplos:

¿Cuál es tu nombre? → **Which** is your name?/What is your name?
¿Qué nombre prefieres? → What name do you prefer?

¿Cuál es tu preferencia? → **Which** is your preference?/What is your preference?
¿Qué prefieres? → What do you prefer?

¿Cuál es tu color preferido? → **Which** is your preferred color?/What is your preferred color?
¿Qué color prefieres? → What color do you prefer?

¿Cuáles son tus colores preferidos? → **Which** are your preferred colors?/What are your preferred colors?
¿Qué colores prefieres? → What colors do you prefer?

¿Cuáles son tus creencias? → **Which** are your beliefs?/What are your beliefs?
¿Qué crees? → What do you believe?

¿Cuál es el significado de la palabra dulce? → **Which** is the meaning of the word sweet?/What is the meaning of the word sweet?
¿Qué significa la palabra dulce? → What means the word sweet?/What does the word sweet mean?
¿Qué quiere decir la palabra dulce? → What does the word sweet want to say?/What does the word sweet mean?

¿Qué es eso? → What is that?*

* When you have no idea what something is (that is, you are not seeking to identify **which**/cuál from a list or group of things), use qué.

¿Cómo se dice **I like ice cream** en español?

La Perla: The Spanish indirect object pronouns are **me, te, le, nos** and **les**. While Spanish indirect object pronouns never take a preposition, the English indirect object pronouns often do as with to **me,** to **you,** to **him,** to **her,** to **us,** to **y'all** and to **them**.

Me gusta el helado: **Me** (indirect object pron) may show a preposition in English as to **me**. **El** (definite article/masc) means **the**. From the verb **gustar/to please-to be pleasing, gusta** is the present tense conjugation for the subject el **helado** (noun/masc)/the **ice cream**. **Me gusta el helado/To me pleases-is pleasing the ice cream** is backwards in structure, with the subject el **helado** appearing at the end of the sentence: **Indirect Object Pronoun (Me) ← Verb (gusta) ← Subject (el helado)**.

¡OJO! Gustar translates best here to a different English verb altogether, from **gustar/to please-to be pleasing** to **to like**. The verb **to like**, in turn, acts in a forward and direct manner on **ice cream: Subject (I) → Verb (like) → Direct Object (ice cream)**.

All together: **Me gusta el helado → To me pleases-is pleasing the ice cream/I like ice cream**.*

With the plural subject **deportes** (noun/masc)/**sports: Me gustan los deportes → To me please-are pleasing the sports/I like sports**.

El Regalo/The Gift: Gustar is most often seen in just two conjugations: **gusta**, which goes with a singular subject such as **el helado**; and **gustan**, which goes with a plural subject such as **los deportes**.

Singular subject **helado: Me/Te/Le/Nos/Les** gusta **el helado → I/You/He/She/We/Y'all/They** like **ice cream**.**

Plural subject **deportes: Me/Te/Le/Nos/Les** gustan **los deportes → I/You/He/She/We/Y'all/They** like **sports**.**

* While the word order **Me gusta el helado** is very common, the subject **el helado** may also come at the beginning of the sentence: **El helado me gusta/The ice cream to me is pleasing → I like ice cream**.
** Likes goes with **he** and **she**.

¿Cómo se dice **I love apples** en español?

Me encantan las manzanas: **Me** (indirect object pron) may show a preposition in English as **to me**. **Encantan**, from the verb **encantar/to enchant-to be enchanting**, is the present tense conjugation for the plural subject las **manzanas** (noun/fem)/the **apples**. **Las** (definite article/fem) means **the**. **Encantar** translates best here to a different English verb altogether, from **encantar/to enchant-to be enchanting** to **to love**.

¡OJO! Like **gustar**, **encantar** often has a reverse structure, with the subject las **manzanas** appearing at the end of the sentence: **Indirect Object (Me)** ← **Verb (encantan)** ← **Subject (las manzanas)**. When **encantar** is replaced by **to love**, however, **to love** acts in a forward and direct manner on **apples**: **Subject (I)** → **Verb (love)** → **Direct Object (apples)**.

All together: **Me encantan las manzanas** → To me enchant-are enchanting the apples/**I love apples**.

With **gustar**: **Me gustan las manzanas** → To me please-are pleasing the apples/I like apples.

¡OJO! Una **manzana** is also a **city block**, as in a square **city block**. Una **cuadra** (noun/fem), by comparison, is a linear **city block**.

Examples/Ejemplos:

Me **encantan** las **manzanas** verdes. I **love** green **apples**.
Me **encanta** la Gran **Manzana**. I **love** the Big **Apple**.
Me **encanta** Nueva York. I **love** New York.
Nos **encanta** ir al cine. We **love** to go to the cinema/movies.
Mi edificio está en la **manzana** bordeada por las calles Junín, Juncal, Ayacucho y Arenales. My building is in the **block** bordered by the streets Junin, Juncal, Ayacucho and Arenales.
Vivo en la misma **cuadra** que mi hermana. I live on the same **block** as my sister.
Vivo a cuatro **cuadras** del subte/metro. I live four **blocks** from the subway/metro.

El nombre formal de la estancia de Hearst en California es **La Cuesta Encantada.***

The formal name of the Hearst estate in California is **The Enchanted Hill**.

* For more on **La Cuesta Encantada**, better known as **Hearst Castle**, visit www.hearstcastle.org.

¿Cómo se dice **I have a headache** en español?

La Perla: The verb **doler/to hurt-to be hurting**, like the verb **gustar/to please-to be pleasing**, often works in a backwards fashion where **Subject → Verb → Object** are reversed to **Indirect Object (Me) ← Verb (duele) ← Subject (la cabeza)**.

Me duele la cabeza: **Me** (indirect object pron) may show a preposition in English as **to me**. **Duele**, from the verb **doler/to hurt-to be hurting**, is the present tense conjugation for the subject la **cabeza** (noun/fem)/the **head**. **La** (definite article/fem) means **the**.

All together: **Me duele la cabeza → To me hurts-is hurting the head/My head hurts/I have a headache**.

¡OJO! When plural body parts are hurting, for example los **brazos** (noun/masc)/the **arms**, **doler** conjugates in the plural: **Me duelen los brazos → To me hurt-are hurting the arms/My arms hurt**.

The definite articles **la/los** go with **cabeza/brazos**, while the English possessive adjective **my** goes with **head/arms**. The explanations for this are: **1)** As a rule, Spanish is less possessive than English; **2)** In view of the Spanish wording "**me** duele **la** cabeza," it would be redundant to say "**me** duele **mi** cabeza/**to me** is hurting **my** head"; and **3)** To refer to body parts in a possessive manner is impolite.

¡OJO! The persons **to whom** the **hurt** is directed are represented by the Spanish/English indirect object pronouns **me/me, te/you, le/you-him-her, nos/us** and **les/y'all-them**.

Related Vocabulary: **Dolor** (noun/masc)/**Pain** is also used to express a **headache**: **Tengo dolor de cabeza → I have pain of head/I have a headache**.

Examples/Ejemplos:

Me **duele** la pierna. To me **hurts-is hurting** the leg/My leg **hurts**.
Me **duelen** las piernas. My legs **hurt**.
Me **duele** la garganta. My throat **hurts**/I have a sore throat.
Me **duele** el estómago. My stomach **hurts**/I have a stomachache.
Me **duele** el hombro. My shoulder **hurts**.
Me **duele** el brazo derecho. My right arm **hurts**.
El brazo derecho me **duele**. My right arm **hurts**.
¿Dónde te **duele**? Where does it **hurt** you?/Where does it **hurt**?
¿Qué parte te **duele**? What part **hurts** you?/What part **hurts**?
¿Qué te **duele**? What **hurts** you?/What **hurts**?
¿Te **duele** el hombro? Your shoulder **hurts**?
¿Le **duele** la espalda (usted)? Your back **hurts**?
A él le **duele** la espalda. His back **hurts**.
A ellos les **duelen** los pies (males/mixed). Their feet **hurt**.
Nos **duele** mirar la telerrealidad. It **pains** us to watch reality television.

¿Cómo se dice it appears fine to me en español?

La Perla: The Spanish verb **parecer** means **to appear** as in **to seem**. Me **parece** bien → It **appears/seems** fine to me. The Spanish verb **aparecer**, by comparison, means **to appear** as in **to make an appearance**. Un fantasma **apareció** ante mí → A ghost **appeared** before me.

¡OJO! The Spanish indirect object pronouns are **me/me, te/you, le/you-him-her, nos/us** and **les/y'all-them**. While the Spanish indirect object pronouns are always naked, the English indirect object pronouns may show a preposition as here with **to me, to you, to him, to her, to us, to y'all** and **to them**.

Me parece bien:
Me (indirect object pron) here takes a preposition in English as **to me**. **Parece** is the **él-ella-ello/it** present tense conjugation of the verb **parecer/to appear-to seem**. Whatever **it** may be, the subject pronouns **él/ella/ello** are commonly left unsaid in Spanish. **Bien** (adv) means **fine/well**.

¡OJO! The Spanish verb **parecer** and the English verbs **to appear/to seem** work the same way, save that the Spanish **me** always comes before **parecer**, while the English **to me** may come after or before **to appear/to seem**. Me parece bien → It appears-seems fine to me/To me it appears-seems fine.

All together: **Me parece bien** → It appears-seems fine to me/To me it appears-seems fine.

¡OJO! Me parece bien need not be personal, just drop **me**: Parece bien → It appears/seems fine.

¡OJO! When beginning a conversation or introducing a new topic, it is common in Spanish and English to state the subject of a sentence. ¿Te parece bien la foto? → The photo appears fine to you? Once the subject has been identified, the Spanish subject pronoun ella (for la foto) usually goes unsaid, while the English subject pronoun it is always stated.* Sí, me parece bien → Yes, it appears fine to me.

Examples/Ejemplos:

Me parece bien. It appears fine to me.
Me parece bien. To me it appears fine.
No me parece bien. It does not seem fine to me.
Me parece mal. It appears bad to me.
¿Te parece bien? It appears fine to you?
Nos parece bien. It seems fine to us.
Le parece bien. It seems fine to you/him/her.
A ella le parece bien. It appears fine to her.
Me parecen bien. They appear fine to me.
Nos parecen bien. They seem fine to us.
¿A ustedes les parecen bien? They seem fine to y'all?
¿Te parecen bien las fotos? The photos appear fine to you?
Sí, también me parecen bien. Yes, they also seem fine to me.
Parece bien. It appears fine.
Parecen bien. They seem fine.

* Short for la **fotografía** (noun/fem), la **foto** is also a feminine noun.

¿Cómo se dice it is not important to me en español?

La Perla: **Me** always comes before **importar**, while **to me** can come before or after **to be important**. **No me importa** → **To** me it is not important/It is not important **to** me.

No me importa: **No** (adv) means **no/not**. **Me** (indirect object pron) may show a preposition in English as **to me**. **Importa** is the **él-ella-ello/it** present tense conjugation of the verb **importar/to import-to be important**. Whatever **it** may be, **él/ella/ello** are usually left unsaid in Spanish.

All together: **No me importa** → **To me it is not important/It is not important to me**.

No me importa need not be personal, just drop **me**: **No importa** → **It is not important**.

¡OJO! Spanish is easy, just use **importar**. In English, there are three more options: **to matter; to mind;** and **to care**.

No **me importa** si fumas → It **is** not **important to me** if you smoke
No **me importa** si fumas → It does not **matter to me** if you smoke.
No **me importa** si fumas → I do not **mind** if you smoke.
No **me importa** si fumas → I do not **care** if you smoke.

¡OJO! Importar also means **to import**: Canadá **importa** vino de Chile → Canada **imports** wine from Chile.

Examples/Ejemplos:

No me **importa**. It **is** not **important** to me.
No **importa**. It **is** not **important**.
¿Te **importa**? It **is important** to you?/Is it **important** to you?
A ellos no les **importa** (males/mixed). It **is** not **important** to them.
No nos **importa** eso. That **is** not **important** to us.
Me **importan** los principios. Principles **are important** to me.
No me **importa**. It does not **matter** to me.
No **importa**. It does not **matter**.
No me **importa** esperar. I do not **mind** waiting.
No me **importa** si lees en voz alta. I do not **care** if you read out loud.
Siria **importa** yerba mate de Argentina. Syria **imports** yerba mate from Argentina.

¿Cómo se dice station en español?

English words beginning with sc, sp and st are <u>unknown</u> in Spanish. Instead, the Spanish equivalents begin with esc, esp and est (and sometimes esq). The Spanish ES words usually have the same meaning and a spelling similar to their English counterparts.

Estación: Una **estación** (noun/fem) is a **station**, as well as a **season**. ¿Dónde está la **estación** de metro/subte? → Where is the metro/subway **station?** Las cuatro **estaciones** son la primavera, el verano, el otoño y el invierno → The four **seasons** are spring, summer, autumn/fall and winter.

Related Vocabulary: The verb **estacionar** means **to park**, as in **to park** a car, and un **estacionamiento** (noun/masc) is a **parking lot/parking garage/car park**. This ¿Cómo se dice? is a **vocabulary builder!** Español → English:

Escándalo, el	→ Scandal
Escáner, el	→ Scanner
Escaso/a	→ Scarce
Escuela, la	→ School
Escultura, la	→ Sculpture
Espacio, el	→ Space
Espaguetis, los	→ Spaghetti
España	→ Spain
Español, el	→ Spanish
Especial	→ Special
Especialidad, la	→ Specialty
Especialmente	→ Specially
Espectáculo, el	→ Spectacle/Show
Espiral, la	→ Spiral
Espíritu, el	→ Spirit
Espiritual	→ Spiritual
Esplendor, el	→ Splendor
Esposo, el/Esposa, la	→ Spouse
Esqueleto, el	→ Skeleton (esq → sk)
Esquí, el	→ Skiing (the sport) & Ski (what you ski on)
Estable	→ Stable
Estadio, el	→ Stadium
Estado, el	→ State/Status
Estándar, el	→ Standard
Estatua, la	→ Statue
Estatura, la	→ Stature
Estómago, el	→ Stomach
Estricto/a	→ Strict
Estrictamente	→ Strictly
Estudiante, el/la	→ Student
Estudiar	→ To study
Estudio, el	→ Studio
Estupefacción, la	→ Stupefaction

¿Cómo se dice **he is so stubborn** en español?

La Perla: Ser/To be (rather than estar/to be) goes with the adjective **terco/a** because **stubborn** is considered a characteristic or character trait of one's personality. This same logic holds true with **ser** and the following adjectives: Él **es honesto, serio, tímido, valiente, justo, sabio, perezoso, obstinado** e **inteligente** → He **is honest, serious, timid/shy, brave, just, wise, lazy, obstinate** and **intelligent**.

Él es tan terco: Él (subject pron/masc) means **he**. **Es** is the **él/he** present tense conjugation of the verb **ser/to be**. **Tan** (adv) means **so**. **Terco/a** (adj) means **stubborn**.

All together: **Él es tan terco** → He is so stubborn. With **ella**: **Ella es tan terca** → She is so stubborn.

Stated a bit differently: Él es **terco como una mula** → He is **stubborn as a mule**. With **ella**: Ella es **terca como una mula** → She is **stubborn as a mule**.

¡OJO! A Spanish adjective can often be made into an adverb by tacking on **mente**.

How to Make a Spanish Adverb from an Adjective: Take a Spanish **adjective** (almost any adjective), use the **feminine form** (if any), keep the **accent** (if any) and add **mente**. The Spanish ending **mente** is the equivalent of the English ending **ly**. **Terca + mente → Tercamente = Stubbornly ← Stubborn + ly**.

This *¿Cómo se dice?* is a **vocabulary builder!**

Examples/Ejemplos - Español → English:

Tercamente	=	Stubbornly
Honestamente	=	Honestly
Seriamente	=	Seriously
Tímidamente	=	Timidly/Shyly
Valientemente	=	Valiantly
Justamente	=	Justly
Sabiamente	=	Wisely
Perezosamente	=	Lazily
Obstinadamente	=	Obstinately
Inteligentemente	=	Intelligently

¿Cómo se dice **what is the personal a?** en español?

The Rule: In Spanish, a **personal** a must come before a direct object which represents a specific person.

¿Qué es la a personal?
Qué (interrogative pron/invariable) means **what**. **La** (definite article/fem) means **the**. **A** (noun/fem) is una **letra** (noun/fem)/a **letter** of the Spanish **alfabeto** (noun/masc)/**alphabet**. **Personal** (adj) means **personal**. **Es**, from the verb **ser/to be**, is the present tense conjugation for la **a** personal.

All together: **¿Qué es la a personal?** → **What is the personal a?**

¡OJO! A direct object receives the action of a verb. The **personal** a works as a marker for a direct object which represents a specific person. The **personal** a is not the preposition **a/to**. The **personal** a does not mean **a/to**. The **personal** a does not translate to English. The **personal** a does not exist in English.

Why the personal a? Spanish sentence structure is more flexible than English. For example, a subject can come before or after a verb, and a subject pronoun may be understood rather than stated. With this flexibility, confusion can arise as to **who** is the subject and **who** is the direct object of a sentence. For example, without the **personal** a, **Sara llama Jorge** could mean **Sara calls Jorge** or **Jorge calls Sara**. In similar fashion, **Pienso que ve Jorge** could mean **I think that Jorge sees** or **I think that you/he/she sees Jorge**.

No More Confusion: To avoid confusion, Spanish came up with the rule to put a **personal** a before a direct object which represents a specific person (indirectly, this also identifies the subject of a sentence). **Sara llama a Jorge** means **Sara calls Jorge**, while **A Sara llama Jorge** means **Jorge calls Sara**. **Pienso que ve Jorge** means **I think that Jorge sees**, whereas **Pienso que ve a Jorge** means **I think that you/he/she sees Jorge**.

Don't Confuse the Personal a with the Preposition a: Sofía envió **a** su **hijo a Francia**/Sophia sent her **son** to **France**. Sofía envió **a** su **hijo a Andrés**/Sophia sent her **son** to **Andrew**.

When specific persons are stated separately, a **personal** a must come before each direct object. Quiero **a** mi **padre** y **a** mi **madre**/I love my **father** and my **mother**.

The **personal** a may also be used to personify a specific non-person, the most common example being one's pet. ¿Conoces **a** mi **perro Pancho**?/Do you know my **dog Pancho**? Countries and cities may also be personified. Amo **a Nueva York**/I love **New York**. Even la **muerte**/**death** (at times depicted in human skeletal form; think Grim Reaper) may take a **personal** a. No se puede engañar **a** la **Muerte**/One cannot cheat **Death**.

The **personal** a is not used for persons in general. Necesito **un plomero**/I need **a plumber**. With respect to a specific plumber, however, the **personal** a is required. Necesito **al plomero** (al = a + el)/I need **the plumber**.

The **personal** a is not used with the verbs **ser** or **haber**, nor generally with the verb **tener**. Ella **es** mi **prima**/She is my **cousin**. Hay dos **niños** acá/**There are** two **kids** here. Tengo dos **hijas**/I **have** two **daughters**.

Lastly, while not referring to a specific person, the **personal** a is required before the indefinite personal pronouns **alguien** (someone/somebody), **nadie** (no one/nobody), **quién** (who), **alguno/a** (someone), **ninguno/a** (no one/nobody) and **cualquiera** (anyone). Él necesita **a alguien**/He needs **someone**. Veo **a nadie**/I see **no one**.

 © D Kirk Boswell   *¿Cómo se dice?* 2

¿Cómo se dice **this coming week** en español?

La Perla: **La semana que viene**, literally **the week that comes**, translates best to English as **this coming week**, or **next week**.

La semana que viene:
La (definite article/fem) means **the**. Una **semana** (noun/fem) is a **week**. **Que** (relative pron) means **that**. **Viene**, from the verb **venir/to come**, is the present tense conjugation for la **semana**.

All together: **La semana que viene** → The week that comes/This coming week/Next week

Próximo/a (adj) means **proximate**, as in **near** or **close** (in space or time). **La próxima semana/La semana próxima** (**próxima** can come before or after **semana**), literally the **proximate/near/close week**, translate best to English as **next week**. **La próxima semana/La semana próxima** → **Next week**.

¡OJO! **Pasado/a** (adj) means **past**. **La pasada semana/La semana pasada** (**pasada** can come before or after **semana**), literally the **past week**, translate best to English as **this past week** or **last week**. **La pasada semana/La semana pasada** → **This past week/Last week**.

Examples/Ejemplos:

Él vuelve **la semana que viene**. He returns **this coming week**.
La semana que viene voy a Madrid. **Next week** I am going to Madrid.
Nos vemos **la semana que viene**. We will see each other **this coming week**.*
La semana que viene voy a Colombia. **This coming week** I am going to Colombia.**
Tenés razón, el partido de fútbol es **la semana que viene** (vos). You are right, the soccer match is **next week**.
Te veo **la semana que viene**. I will see you **this coming week**.*
Te veo **la semana que viene**. I will see you **next week**.*
Te veo **la próxima semana**. I will see you **next week**.*
Te veo **la semana próxima**. I will see you **next week**.*
Fui a Madrid **la semana pasada**. I went to Madrid **last week**.
Fui a Madrid **la pasada semana**. I went to Madrid **last week**.

* <u>Present</u> tense Spanish is commonly used to express the <u>future</u>. In English, it depends on the verb whether the present tense may express the future. If an English verb in the present tense is not able to convey the future, then the future tense itself must be used by adding **will**.
** **Colombia**, el **país/country**, is **Colombia** in both Spanish and English. Una **persona**/a **person** from **Colombia** is un **colombiano** or una **colombiana** in Spanish, and a **Colombian** in English. El **Capitolio**/The **Capitol** of the United States is the city of Washington located in the District of **Columbia** (known as Washington, D.C.).

¿Cómo se dice **can I bring something?** en español?

La Perla Lógica/The Logical Pearl: From **here**, you **take** and **go** to **there**; from **there**, you **bring** and **come** to **here**.

¿Puedo llevar algo?: **Puedo** is the **yo/I** present tense conjugation of the verb **poder/to be able to**. In the present tense, **puedo/I am able to** often translates to English as **I can**. **Llevar** means **to take** or **to carry**. **Algo** (pron) means **something**.

All together: **¿Puedo llevar algo?** → Can I take something?/Can I <u>bring</u> something?

¡OJO! The focus here is on logical Spanish (you already know how to use sometimes illogical English).

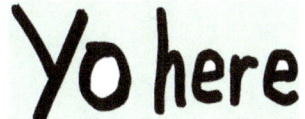 Llevar/To take y Ir/To go ⟶
⟵ Traer/To bring y Venir/To come

Scenario 1: A friend invites you to a party, and you reply: ¿Puedo **llevar** algo?/Can I **take** something? In Spanish, **llevar** is used **to take** from **here** (your house, for example) to **there** (the party). You **take** from **here** to **there**; you cannot **bring** from **here** to **there**.

Once you arrive at the party, having finished **taking**, you greet your host: **Traje** una botella de vino tinto/I **brought** a bottle of red wine. Spanish and English both use **traer/to bring** to convey having **brought** from **there** (your house, for example) to **here** (the party). You **bring** from **there** to **here**.

Scenario 2: A friend calls to ask for help studying Spanish, and you reply: Necesito estudiar también, **iré** a tu casa/I need to study too, I **will go** to your house. In Spanish, **ir** is used **to go** from **here** (your house, for example) to **there** (your friend's house). You **go** from **here** to **there**; you cannot **come** from **here** to **there**.

When you arrive at your friend's house, having finished **going**, you say: **Vine** en subte/I **came** by subway. Spanish and English both use **venir/to come** to express having **come** from **there** (your house, for example) to **here** (the house of your friend). You **come** from **there** to **here**.

Examples/Ejemplos (when different from Spanish, the common English usage is shown in parentheses):

Before going: **Llevaré** un postre a la fiesta/I **will take** a dessert to the party. (I will <u>bring</u> a dessert to the party.)
Upon arrival: **Traje** un postre/I **brought** a dessert.
Before going: **Iré** a ti/I **will go** to you. (I will <u>come</u> to you.)
Upon arrival: **Vine** a pie/I **came** on foot.

¿Cómo se dice **he is a simple man** en español?

Él es un hombre sencillo: **Él** (subject pron/masc) means **he**, and un **hombre** (noun/masc) is a **man**.
Ella (subject pron/fem) means **she**, and una **mujer** (noun/fem) is a **woman**. **Sencillo/a** (adj) means **simple**.

All together: **Él es un hombre sencillo** → **He is a simple man**.

With **ella**: **Ella es una mujer sencilla** → **She is a simple woman**.

¡OJO! **Simple** is the other Spanish adjective for **simple**: **Él es un hombre simple** → **He is a simple man**.

Related noun: **Sencillez**, la = **Simplicity**

Related noun: **Simplicidad**, la = **Simplicity**

Examples/Ejemplos:

Él vive una vida **sencilla**. He lives a **simple** life.
El plato es **sencillo** y delicioso. The dish is **simple** and delicious.
La receta no es **sencilla**. The recipe is not **simple**.
Este rompecabezas es **sencillo**. This puzzle is **simple**.
El trabajo es **sencillo** pero gratificante. The work/job is **simple** but gratifying.
El lenguaje español no es **sencillo**. The Spanish language is not **simple**.
El lenguaje inglés no es **simple**. The English language is not **simple**.
¡Me encanta la **sencillez** del arte primitivo! I love the **simplicity** of primitive art!
Prefiero la **simplicidad** también. I prefer **simplicity** too.

¿Cómo se dice I just finished eating en español?

La Perla: When you need to say **I just finished eating**, **I just arrived home** or **I just saw that movie**, then you need **acabar de** + infinitivo.

Acabo de comer:
The verb **acabar** means **to finish/to end**. **Acabo** is the **yo/I** present tense conjugation of **acabar**. When **acabo** is followed by **de** (prep)/**from**, **acabo de** means **I finish from/I am finishing from**, or more naturally stated in English, **I just finished** or **I just**. To complete this expression, add a verb infinitive such as **comer/to eat**.

¡OJO! While **acabo de** is conjugated in the present tense, **acabo de** translates more naturally to English in the past tense. **Acabo de comer/I finish-I am finishing from to eat** translates best to English as **I just finished eating** or **I just ate**.

All together: **Acabo de comer** → I finish-I am finishing from to eat/I just finished eating-I just ate.

Examples/Ejemplos - Present Tense:

Acabo de comer. I just finished eating/I just ate.
Acabo de regresar a casa. **I just returned** home.
Acabo de ver esa película. **I just saw** that movie.
Acabo de llegar. **I just arrived.**
Ella acaba de llamarme. **She just called** me.
Él acaba de leer este libro. **He just finished reading** this book/**He just read** this book.
Ellos acaban de limpiar la casa. **They just finished cleaning** the house/**They just cleaned** the house.
Acabamos de comprar zapatillas nuevas. **We just bought** new running shoes.

¡OJO! When **acabar de** is conjugated in the Spanish imperfecto/imperfect, a past tense, the translation to English is to the pluperfect/pluscuamperfecto, also a past tense.

All together: **Yo acababa de comer** → I was finishing from to eat/I had just finished eating-I had just eaten.

Examples/Ejemplos - Imperfect Tense:

Yo acababa de comer. I had just finished eating/I had just eaten.
Yo acababa de regresar a casa. **I had just returned** home.
Yo acababa de ver esa película. **I had just seen** that movie.
Yo acababa de llegar. **I had just arrived.**
Ella acababa de llamarme. **She had just called** me.
Él acababa de leer este libro. **He had just finished reading** this book/**He had just read** this book.
Ellos acababan de limpiar la casa. **They had just finished cleaning** the house/**They had just cleaned** the house.
Acabábamos de comprar zapatillas nuevas. **We had just bought** new running shoes.

¿Cómo se dice **rotisserie chicken** en español?

La Perla: **Pollo al spiedo** is how one says **rotisserie chicken** in Buenos Aires.

Pollo al spiedo:
Un **pollo** (noun/masc) is a **chicken**. **Al** is the contraction of **a** (prep) + **el** (definite article/masc) meaning **to the**. **Spiedo** (noun/masc), del italiano/from Italian, means **spit** or **skewer**.

¡OJO! There are only two contractions in Spanish: **al/to the** (as above); and **del**, the combination of **de** (prep) + **el** (definite article/masc) meaning **of the**.

All together: **Pollo al spiedo** → **Chicken to the spit/<u>Rotisserie</u> chicken**

Home to millions of people of Italian descent, the Spanish of Buenos Aires has more than a few words from Italian, such as el **spiedo**. Take note that there is also a Spanish equivalent, just add e up front for el **espiedo** (noun/masc).

All Spanish: **Pollo al espiedo** → **Chicken to the spit/Rotisserie chicken**

¡OJO! While English has many words beginning with **sc, sp** and **st**, such words are <u>unknown</u> in Spanish. Instead, the Spanish equivalents begin with **esc, esp** or **est**.* These English/Spanish equivalents tend to be spelled a bit differently while sharing a certain similarity: **school** → **escuela; Spain** → **España;** and **student** → **estudiante**.

Examples/Ejemplos - ES words:

Sometimes known as the Spanish ES words: **scandal** → **escándalo; scanner** → **escáner; scene** → **escena; scruple** → **escrúpulo; spectacular** → **espectacular; spice** → **especia; spiral** → **espiral; splendid** → **espléndido/a; spy** → **espía; stampede** → **estampida; sterile** → **estéril; stress** → **estrés;** and **stupendous** → **estupendo/a**.

* A few Spanish words begin with **esq: esqueleto** → **skeleton; esquiar** → **to ski**.

¿Cómo se dice **I am on vacation** en español?

La Perla: Spanish and English often use different prepositions in otherwise equivalent expressions. The Spanish **estar de vacaciones/to be of vacations** is the equivalent of the English **to be on vacation** or **to be on holiday**.

Estoy de vacaciones: **Estoy** is the **yo/I** present tense conjugation of the verb **estar/to be**. **De** (prep) means **of/from**, and sometimes **about**. Una **vacación** (noun/fem) is a **vacation**. **Vacación** goes plural without the accent as **vacaciones**.

All together: **Estoy de vacaciones** → I am of vacations/I am <u>on</u> vacation/I am <u>on</u> holiday.

You will run across the structure **verb + preposition + noun** in other Spanish expressions too. Be aware that the English equivalents tend to change or drop the preposition, or to modify the noun.

Three more Spanish **verb + preposition + noun** expressions:

1) Una **visita** (noun/fem) is a **visit**, and **estar de visita/to be of visit** is the equivalent of the English **to be visiting**. **Estoy de visita** → I am **of** visit/I am **visiting**;
2) Una **compra** (noun/fem) is a **purchase**, and **ir de compras/to go of purchases** is the equivalent of the English **to go shopping**. **Voy de compras** a menudo → I **go of** purchases often/I **go shopping** often;
3) Un **viaje** (noun/masc) is a **voyage, trip** or **journey**, and **estar de viaje/to be of voyage-trip-journey** is the equivalent of the English **to be traveling**. **Estoy de viaje** la semana que viene → I **am of voyage-trip-journey** this coming week/I **am traveling** this coming week.

Examples/Ejemplos:

Estoy aquí **de vacaciones**. I **am** here **on vacation**.
Miguel también **está** acá **de vacaciones**. Michael too **is** here **on holiday**.
Cada año mis abuelos **van de vacaciones** a los Países Bajos. Each year my grandparents **go on vacation** to the Netherlands.*
La semana pasada mi cuñada **estaba de vacaciones** en Tailandia. Last week my sister-in-law **was on holiday** in Thailand.
Yo **estaba de visita** en Tailandia al mismo tiempo. I **was visiting** Thailand at the same time.
Nos encanta **ir de compras** en Bangkok. We love **to go shopping** in Bangkok.
Estoy de viaje el lunes → I **am traveling** on Monday.

* The official name, los **Países Bajos** (countries low), is better known in English as the **Netherlands** (lowlands). Respectively, los **Países Bajos**/the **Netherlands** are also known as **Holanda/Holland**. The language is **neerlandés** (noun/masc) or **holandés** (nouns/masc), known in English as **Dutch**. Un **neerlandés**/Un **holandés** is a **Dutchman**, and una **neerlandesa**/una **holandesa** is a **Dutchwoman**.

¿Cómo se dice **I am grateful** en español?

Estoy agradecido: **Estoy** is the **yo/I** present tense conjugation of the verb **estar/to be**. **Agradecido/a** (adj), from the past participle of the verb **agradecer/to be grateful to-to thank**, means **grateful**. Here, **agradecido** (adj/fem) shows that **yo/I** am male.

¡OJO! **Agradecido/a** most often goes with the verb **estar**, the Spanish **to be** verb for state or status. However, **agradecido/a** may also go with the verb **ser**, the Spanish **to be** verb for characteristics.

All together: **Estoy agradecido** → **I am grateful**. If **yo/I** am female: **Estoy agradecida** → **I am grateful**.

Related Vocabulary: **Agradecimiento** (noun/masc) means **gratitude**. **Gratitud** (noun/fem) also means **gratitude**.

Examples/Ejemplos:

Estoy muy **agradecido** (male). I am very **grateful**.
Estoy realmente **agradecida** (female). I am really/truly **grateful**.
Estoy **agradecido** por tu apoyo (male). I am **grateful** for your support.
Estoy **agradecida** por la ayuda (female). I am **grateful** for the help.
Estamos **agradecidos** por tus cortesías (males/mixed). We are **grateful** for your courtesies.
Por eso estamos eternamente **agradecidas** (females). For that we are eternally **grateful**.
Ser **agradecido** es una virtud. To be **grateful** is a virtue.
El **agradecimiento** es una virtud. **Gratitude** is a virtue.
La **gratitud** es una virtud. **Gratitude** is a virtue.
Te **agradezco** tu paciencia. I **am grateful** to you for your patience/I **thank** you for your patience.

¿Cómo se dice I know New Orleans well en español?

La Perla: The Spanish verb **conocer/to know** conjugates irregularly for **yo/I** in the present tense as **conozco** (not **conoco**).

Conozco bien Nueva Orleáns:
Conozco is the **yo/I** present tense conjugation of the verb **conocer/to know**. **Conocer** means **to know** in the sense of **to be acquainted** with persons or places, and sometimes things. **Bien** (adv) means **well/fine**. **Nuevo/a** (adj) means **new**. The city of **Nueva Orleáns/New Orleans** (located in Luisiana/Louisiana) was named after Felipe II de Francia, el duque de **Orleáns**.

All together: **Conozco bien Nueva Orleáns → I know New Orleans well**.

¡OJO! A city (or country) may be personified in Spanish by adding a **personal a** up front (the **personal a** does not exist in English): **Conozco** bien **a** Nueva Orleáns → **I know** New Orleans well.

While **conozco** is irregular, the rest of the present tense conjugations of **conocer** are regular.

Yo	Ud*	Tú/Vos	Nosotros/as	Uds*
Conozco	Conoce	Conoces/Conocés	Conocemos	Conocen

Companion Verbs Ending in CER: The verbs **parecer**/to appear-to seem, **aparecer**/to appear, **desaparecer**/to disappear, **agradecer**/to be grateful to-to thank and **obedecer**/to obey all conjugate like **conozco**: Yo **parezco**; Yo **aparezco**; Yo **desaparezco**; Yo **agradezco**; and Yo **obedezco**.

Verbs Ending in CIR: The verbs **traducir**/to translate, **conducir**/to conduct-to drive and **producir**/to produce also conjugate like **conozco**: Yo **traduzco**; Yo **conduzco**; and Yo **produzco**.

Examples/Ejemplos:

Conozco bien Nueva York. **I know** New York well.
Conozco bien **a** Nueva York. **I know** New York well.
¿**Parezco** triste? Do I **appear/seem** sad?
Aparezco en muchas fotos. I **appear** in many photos.
Desaparezco todo el tiempo. I **disappear** all the time.
Te **agradezco** la ayuda. I **am grateful** to you for the help.
Nunca **obedezco** las órdenes. I never **obey** orders.
Traduzco frecuentemente del español al inglés. I frequently **translate** from Spanish to English.
Conduzco al gimnasio los lunes. I **drive** to the gym on Mondays.
Produzco documentales históricos. I **produce** historical documentaries.

* **Ud** = Usted/Él/Ella/Ello & **Uds** = Ustedes/Ellos/Ellas.

¿Cómo se dice can you speak more slowly? en español?

La Perla: Understanding spoken Spanish is the most difficult part of Spanish. Yet, when the pace is slowed down, even if just a bit, individual words tend to materialize. For this to happen, however, you will often have to ask a Spanish speaker to speak **más despacio/more slowly**.

¿Puedes hablar más despacio?: **Puedes** is the **tú/you** present tense conjugation of the verb **poder/to be able to**. In the present tense, **puedes** often translates to English as **you can**. **Hablar** is the verb **to speak/to talk**. **Más** (adv) means **more**. **Despacio** (adv) means **slowly**.

All together: **¿Puedes hablar más despacio?** → **Are you able to speak more slowly?**/<u>Can</u> **you speak more slowly?**

Related Vocabulary: **Despacito** (adv) also means **slowly**, as well as **gently** and **softly**.*

Before asking someone to speak more slowly, you must first choose a Spanish **you** to conjugate **poder**. For a singular **you**, Spanish has the familiar **tú/vos** and the formal **usted**. For the plural **y'all**, there is **ustedes**.

¿**Puedes** hablar más despacio, por favor (tú)?	→ **Can** you speak more slowly, please?
¿**Podés** hablar más despacio, por favor (vos)?	→ **Can** you speak more slowly, please?
¿**Puede** hablar más despacio, por favor (usted)?	→ **Can** you speak more slowly, please?
¿**Pueden** hablar más despacio, por favor (ustedes)?	→ **Can** y'all speak more slowly, please?

Poder conjugates <u>irregularly</u> in the present tense (except for **vos** and **nosotros/as**), with the o splitting into ue.

<u>Verb</u>	Yo	Tú/Vos	Ud**	Nosotros/as	Uds**
Poder	Puedo	Puedes/Podés	Puede	Podemos	Pueden

* Fonsi, L. and Yankee, D. "Despacito." *Vida*, Universal Music Latino, 2019.
** **Ud** = Usted/Él/Ella/Ello & **Uds** = Ustedes/Ellos/Ellas.

¿Cómo se dice **don't worry** en español?

La Perla: **To worry** in Spanish is **preocuparse/to preoccupy oneself**.

¡OJO! With the Spanish imperative (a mood in the present tense), <u>negative</u> **tú/vos** conjugations go one way, and <u>affirmative</u> conjugations another, from **No te preocupes** (tú/vos)/**Don't worry** → **Preocúpate** (tú)-**Preocupate** (vos)/**Worry**.

No te preocupes: **No** (adv) means **no/not**. **Te** (reflexive pron) means **yourself**. **No te preocupes/Don't preoccupy yourself** is the **tú-vos/you** negative imperative conjugation of the <u>reflexive</u> verb **preocuparse/to preoccupy oneself**. **Preocuparse** most often translates to English as **to worry oneself**.

All together: **No te preocupes** → **Don't preoccupy yourself/Don't <u>worry</u> yourself/Don't <u>worry</u>**.

The Spanish imperative may range in tone from a command to a simple request. **No te preocupes/Don't worry** tends to be of the gentler variety. While the difference is a bit subtle, when telling someone not to worry **by reason of** or **because of** someone or something, use **por** (prep). When telling someone not to worry **about** someone or something, use **de** (prep).

Related Vocabulary: The Spanish una **preocupación** (noun/fem), literally a **preoccupation**, often translates to English as a **worry** or a **concern**: Un día sin **preocupaciones** = A day without **worries**. **Preocupado/a** (adj) means **worried** or **concerned**. Ella está **preocupada** → She is **worried**.

Examples/Ejemplos:

No te preocupes, ¡sé feliz (tú/vos)! **Don't worry, be** happy!*
No te preocupes, Gustavo llegará pronto (tú/vos). **Do not worry**, Gustavo will arrive soon.
No te preocupes por mí (tú/vos). **Don't worry because of** me. (meaning I am not a threat to you)
No te preocupes de mí (tú/vos). **Don't worry about** me. (meaning I am not a threat to myself)
¡No te preocupes (tú/vos)! → **Don't worry!** ¡Preocúpate (tú)! → **Worry!**
¡No te preocupes (tú/vos)! → **Don't worry!** ¡Preocupate (vos)! → **Worry!**
¡No se preocupe (usted)! → **Don't worry!** ¡Preocúpese (usted)! → **Worry!**
¡No se preocupen (ustedes)! → **Don't worry!** ¡Preocúpense (ustedes)! → **Worry!**
¿No te **preocupa**? It doesn't **worry** you?**
No me **preocupa**. It does not **worry** me.**

* Sé is the **tú/vos** affirmative imperative conjugation of the verb **ser**, and be is the **you** imperative conjugation of the verb **to be**. It is rare in English to spot a unique imperative conjugation such as **you be**, which stands in contrast to the present tense indicative conjugation **you are**.
** **Preocupa**, from the non-reflexive verb **preocupar/to worry**, is the indicative present tense conjugation for an unstated **él-ella-ello/it**.

¿Cómo se dice there is a mouse in the corner en español?

La Perla: The Spanish preposition **en** means both in and on. Without more, there is no way to tell if a **mouse** is in or on the **corner**. Spanish resolves this ambiguity by having two nouns for **corner**, un rincón which represents the inside-angle of a **corner**, and una esquina which represents the outside-angle of a **corner**.

Hay un ratón en el rincón:
Hay, from the verb **haber/to have**, is a present tense impersonal conjugation meaning **there is** or **there are**. **Un** (indefinite article/masc) means **a/an**. Un **ratón** (noun/masc) is a **mouse**, as in Mickey® or a computer **mouse**. Una **rata** (noun/fem) is a **rat**. **En** (prep) means in and on. **El** (definite article/masc) means **the**. Un rincón (noun/masc) refers to the area inside the angle of a **corner**, while una esquina (noun/fem) refers to the area outside the angle of a **corner**.

Seeing is believing. The **mouse** on the left is in **the corner**/en el rincón.

The **mouse** on the right is on **the corner**/en la esquina.

When in **the corner:** Hay un ratón en el rincón → There is a mouse in the corner.

When on **the corner:** Hay un ratón en la esquina → There is a mouse on the corner.

¡OJO! Un **ratón**/a **mouse** goes plural (without the accent) as unos **ratones**/some **mice**.

Examples/Ejemplos:

Hay un **ratón** en el rincón de la cocina. There is a **mouse** in the **corner** of the kitchen.
Acabo de ver dos **ratones** en el rincón de mi cuarto. I just saw two **mice** in the **corner** of my room.
Hay una **rata** en el rincón del jardín. There is a **rat** in the **corner** of the garden.
Hay un **ratón** en la esquina de la calle. There is a **mouse** on the **corner** of the street.
Dios mío, hay cientos de **ratones** en la esquina. My God, there are hundreds of **mice** on the **corner**.
Hay un **ratón** a la vuelta de la esquina. There is a **mouse** to the turn of the **corner**/around the **corner**.

¿Cómo se dice **failure** en español?

Fracaso: Un **fracaso** (noun/masc), from the verb **fracasar/to fail**, is a **failure**. Just the opposite in meaning, un **éxito** (noun/masc) is a **success**.

¡OJO! Una **persona** (noun/fem) is una **persona** whether representing un **hombre** (noun/masc)/**man** or una **mujer** (noun/fem)/**woman**. **Enrique** es una **persona** → **Henry** is a **person**. **Alejandra** es una **persona** → **Alexandra** is a **person**. In like fashion, the masculine nouns **fracaso** and **éxito** apply regardless of the gender of a person or thing.

Related Vocabulary: **Exitoso/a** (adj) means **successful**. Mi tía es muy **exitosa** → My aunt is very **successful**. **Tener éxito/To have success** is the closest equivalent to the English verb **to succeed**. Quiero tener éxito → I want to have **success**/I want **to succeed**.

Examples/Ejemplos:

Sí, **Enrique** es un **fracaso**. Yes, **Henry** is a **failure**.
Pero **Alejandra** no es un **fracaso**. But **Alexandra** is not a **failure**.
Este **proyecto** es un **fracaso** total. This **project** is a total **failure**.
La **empresa** también es un **fracaso**. The **company** also is a **failure**.
Este **fracaso** es muy decepcionante. This **failure** is very disappointing.*
Daniel ha tenido algunos **fracasos**. **Daniel** has had some **failures**.
Aun así, el **éxito** de **Daniel** es impresionante. Even so, **Daniel's success** is impressive.
Esta película es un gran **éxito**.** This movie is a great **success**.
Mi jefe es muy **exitoso**. My boss is very **successful**.
Yo sé que quieres **tener éxito**. I know that you want **to have success**/I know that you want **to succeed**.
Una **mujer** es una **persona**. A **woman** is a **person**.
Un **hombre** también es una **persona**. A **man** too is a **person**.

* From the verb **decepcionar/to disappoint**, **decepcionante** (adj) means **disappointing** (not **deceiving**). From the verb **engañar/to deceive-to trick**, **engañoso/a** (adj) means **deceiving/deceitful**.
** **Grande** (adj)/**Big-Large** shortens to **gran** before singular nouns (masculine or feminine). **Gran**, in turn, often translates as **great**.

¿Cómo se dice **skyscraper** en español?

La Perla: Spanish nouns such as **rascacielos** literally describe what a thing or a person does. Created from a verb and a noun, here **rascar/to scrape** and el **cielo**/the **sky**, the thing that **rasca cielos/scrapes skies** is un **rascacielos**/a **skyscraper**.

Rascacielos: The verb **rascar** means **to scrape** or **to scratch**. **Cielo** (noun/masc) means **sky**, as well as **heaven**. To make **rascacielos** (noun/masc), combine **rasca** (the present tense conjugation for an unstated **ello-él-ella/it-he-she**) with the plural **cielos/skies**: Rasca + cielos → Rascacielos = Skyscraper ← It scrapes + sky.

All together: **Rascacielos → It scrapes skies/Skyscraper**

¡OJO! Compound words such as **rascacielos** are almost always masculine and in plural form (with an s), where the article alone indicates number and gender. For example, el **rascacielos** is the **skyscraper**, and los **rascacielos** are the **skyscrapers**. This ¿Cómo se dice? is a **vocabulary builder**! Examples/Ejemplos:

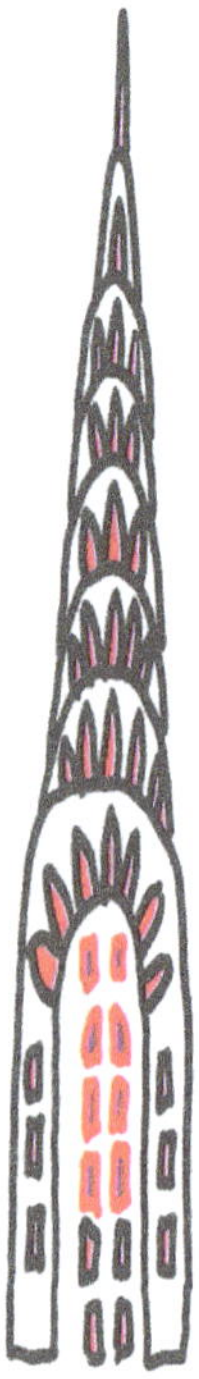

Para + aguas (it stops waters/parar-to stop) = **paraguas/umbrella(s)**: un **paraguas** = an **umbrella**/unos **paraguas** = some **umbrellas**.

Abre + latas (it opens cans/abrir-to open) = **abrelatas/can opener(s)**: el **abrelatas** = the **can opener**/los **abrelatas** = the **can openers**.

Saca + corchos (it takes out corks/sacar-to take out) = **sacacorchos/corkscrew(s)**: un **sacacorchos** = a **corkscrew**/unos **sacacorchos** = some **corkscrews**.

Cumple + años (he-she-it attains-reaches years/cumplir-to attain/to reach) = **cumpleaños/birthday(s)**: el **cumpleaños** = the **birthday**/los **cumpleaños** = the **birthdays**.

Guarda + espaldas (he-she guards backs/guardar-to guard) = **guardaespaldas/bodyguard(s)**: un **guardaespaldas** (male) = a **bodyguard**/una **guardaespaldas** (female) = a **bodyguard**.

Para + brisas (it stops breezes/parar-to stop) = **parabrisas/windshield(s)-windscreen(s)**: el **parabrisas** = the **windshield**/los **parabrisas** = the **windshields**.

Para + caídas (it stops falls/parar-to stop) = **paracaídas/parachute(s)**: un **paracaídas** = a **parachute**/unos **paracaídas** = some **parachutes**.

Traba + lenguas (it hinders-obstructs tongues/trabar-to hinder/to obstruct) = **trabalenguas/tongue twister(s)**: el **trabalenguas** = the **tongue twister**/los **trabalenguas** = the **tongue twisters**.

Below is a classic Spanish **trabalenguas/tounge twister** which may help you trill your r's:

Erre con erre guitarra,
Erre con erre barril,
Mira qué rápido ruedan,
Las ruedas del ferrocarril.

¿Cómo se dice **I want the bacon crispy** en español?

La Perla: Mark Twain once remarked "Even people who've never tried **bacon** love **bacon**."*

Quiero el tocino crocante:
Quiero is the **yo/I** present tense conjugation of the verb **querer/to want**. **El** (definite article/masc) means **the**. **Tocino** (noun/masc) means **bacon**. **Crocante** (adj), which generally means **crunchy**, translates best with **bacon** as **crispy**.

All together: **Quiero el tocino crocante** → **I want the bacon crispy**.

Related Vocabulary: In Latin America, **tocino** is probably the most common word for **bacon**, followed by **tocineta** (noun/fem). In Argentina, however, one is more likely to say **panceta** (noun/fem). Spain has two options, **beicon** (noun/masc) and **bacón** (noun/masc). In place of **crocante**, **crujiente** (adj) also means **crunchy**, as well as **crispy**.

Examples/Ejemplos You Need to Know:

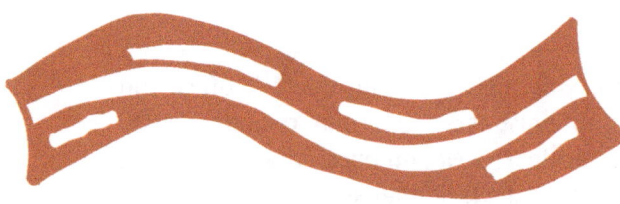

Quiero el **tocino crocante**. I want the **bacon crispy**.
Quiero el **tocino crujiente**. I want the **bacon crispy**.
Quiero la **tocineta crocante**. I want the **bacon crispy**.
Quiero la **tocineta crujiente**. I want the **bacon crispy**.
Quiero la **panceta crocante**. I want the **bacon crispy**.
Quiero la **panceta crujiente**. I want the **bacon crispy**.

Quiero el **beicon crocante**. I want the **bacon crispy**.
Quiero el **beicon crujiente**. I want the **bacon crispy**.
Quiero el **bacón crocante**. I want the **bacon crispy**.
Quiero el **bacón crujiente**. I want the **bacon crispy**.

* Samuel Langhorne Clemens (better known by his pen name Mark Twain), American writer and humorist, author of *The Adventures of Tom Sawyer, Adventures of Huckleberry Finn, A Connecticut Yankee in King Arthur's Court*, and more (1835-1910).

¿Cómo se dice **it does not make lack** en español?

La Perla: When visiting your doctor, checking out at a store or ordering in a restaurant, you will often be asked if you want or need something, such as un **recibo/receipt** for your payment, una **bolsa/bag** for your purchase or perhaps **azúcar/sugar** for your coffee. If you do not need anything, just say **No hace falta/It does not make lack**.

No hace falta: **No** (adv) means **no/not**. **Hace** is the **él-ella-ello/it** present tense conjugation of the verb **hacer/to make-to do**. Una **falta** (noun/fem), from the verb **faltar/to lack-to be lacking**, is a **lack**.

¡OJO! Where there is a **lack** there is a **need**.

¡OJO! You may find it easiest to accept and use **No hace falta** literally as **It does not make lack**, or **It does not make need**, rather than the common English translation **It is not necessary**, which literally means **No es necesario**.

All together: **No hace falta → It does not make lack/It does not make <u>need</u> → It <u>is</u> not <u>necessary</u>**.

Examples/Ejemplos:

When paying the bill at your doctor's office and the receptionist asks ¿Quiere un **recibo?**/Do you want a **receipt?** → **No, no hace falta**, gracias/**No, it does not make lack**, thanks.

When checking out with just one item and the cashier asks ¿Una **bolsa** quiere?/Do you want a **bag?** → **No, no hace falta/No, it does not make lack**.

When ordering un **café/coffee** and the waiter asks ¿Quiere **azúcar?**/Do you want **sugar?** → **No, gracias, no hace falta/No, thanks, it does not make lack**.

¿Cómo se dice **how much longer?** en español?

La Perla: **¿Cuánto falta?**, literally **How much lacks-is lacking?**, commonly translates to English as **How much longer?**

¿Cuánto falta?: Cuánto (interrogative pron/masc), here representing **tiempo** (noun/masc)/**time**, means **how much**. Falta, from the verb **faltar/to lack-to be lacking**, is the present tense conjugation for **cuánto**.

All together: **¿Cuánto falta?** → **How much lacks-is lacking?/How much longer?**

¡OJO! **¿Cuánto falta?** often needs context, which may be understood or explicit.

Examples/Ejemplos - Context Understood:

At the gym you ask a member on the rowing machine **¿Cuánto falta?/How much is lacking?-How much longer?**, to which the member responds **Faltan diez minutos/Ten minutes are lacking-Ten minutes longer**, or simply **Diez minutos/Ten minutes**.

While waiting for the train you ask your sister **¿Cuánto falta?/How much longer?**, to which she replies **El tren llega en una hora/The train arrives in one hour**, or simply **Una hora/One hour**.

Driving home your son asks **¿Cuánto falta?/How much longer?**, to which you reply **Falta poco/Little is lacking-A little longer**.

While waiting in your doctor's office you ask **¿Cuánto falta?/How much longer?**, to which the receptionist replies **No tengo ninguna idea/I have no idea**.

Examples/Ejemplos - Context Explicit:

faltar

¿Cuánto falta hasta que salga el vuelo?* **How much longer** until the flight leaves?
¿Cuánto falta hasta que lleguemos?* **How much longer** until we arrive?
¿Cuánto falta hasta que vuelva Isabel?* **How much longer** until Elizabeth returns?
¿Cuánto falta hasta que termine la película?* **How much longer** until the movie ends?
¿Cuánto falta para ver al médico? **How much longer** to see the doctor?

* **Salga, lleguemos, vuelva** and **termine** are present tense subjunctive conjugations.

¿Cómo se dice **as you well know, I love you** en español?

Como bien sabes, te amo: **Como** (adv) without an accent means **as** or **like**. **Cómo** (interrogative adv) with an accent means **how**. **Bien** (adv) means **well/fine**. **Sabes** is the **tú/you** present tense conjugation of the verb **saber/to know** (the other **to know** verb of Spanish is **conocer**). **Te** (direct object pron) is the informal **you**. **Amo** is the present tense **yo/I** conjugation of the verb **amar/to love**.

All together: **Como bien sabes, te amo** → **As you well know, I love you**.

Examples/Ejemplos:

Como bien sabe, me encanta Londres (sabe/usted). **As you well know**, I love London.
Como bien sabes, no puedo decirte (sabes/tú). **As you well know**, I cannot tell you.
Como bien sabés, te quiero (sabés/vos). **As you well know**, I want you/I love you.
Como bien sabe Adán, él es muy guapo. **As Adam well knows**, he is very handsome.
Como Enrique bien sabe, su hijo nunca llega a tiempo. **As Henry well knows**, his son never arrives on time.
Como bien saben todos, siempre llego temprano. **As everyone well knows**, I always arrive early.

¿Cómo se dice **thanks for coming** en español?

La Perla: After a preposition, a Spanish verb infinitive often translates to the English **ing** verb form, from **venir/to come** → **coming**.

Gracias por venir
A singular **gracia** (noun/fem) is a **grace**, while the plural **gracias** often translates best as **thanks**. **Por** (prep) means **by reason of**, as well as just **for**. **Venir** is the verb infinitive for **to come**. After a preposition, a Spanish verb infinitive often translates to the English **ing** verb form, from **venir/to come** → **coming**.

All together: **Gracias por venir** → Thanks by reason of to come/Thanks for <u>coming</u>.

Examples/Ejemplos:

Gracias por **esperar**. Thanks for **waiting**.
Gracias por **esperar**me. Thanks for **waiting** for me.
Gracias por **decir**me. Thanks for **telling** me.
Gracias por **ir** al supermercado. Thanks for **going** to the supermarket.
Gracias por **hacer** eso. Thanks for **doing** that/Thanks for **making** that.
Gracias por **pasear a**l perro.* Thanks for **walking** the dog.
Gracias por **comprar** las entradas. Thanks for **buying** the tickets.
Gracias por **conseguir** los boletos. Thanks for **getting** the tickets.
Gracias por **buscar** a los niños. Thanks for **picking up** the kids.
Gracias por **recoger** la cena. Thanks for **picking up** dinner.
Gracias por **invitar**me. Thanks for **inviting** me.
Gracias por **incluir**nos. Thanks for **including** us.
Gracias por **traer** una botella de vino. Thanks for **bringing** a bottle of wine.
Gracias por **traer** el postre. Thanks for **bringing** the dessert.
Gracias por **elegir** ¿Cómo se dice? Thanks for **choosing** ¿Cómo se dice?
Gracias por **venir**. Thanks for **coming**.

* The **personal a** may used to <u>personify</u> a <u>specific</u> <u>non-person</u> (the most common example being one's pet). The **personal a** does not exist in English.

Appendix - Verb Conjugation Tables

Hablo: ¿Cómo se dice I speak en español?

hablar

Hablo: Hablo is the present tense **yo/I** conjugation of the verb **hablar/to speak-to talk**. There are three verb tracks in Spanish, one ending in **ar**, another ending in **er** and a third ending in **ir**. Verbs from the **ar** track tend to conjugate one way, while verbs from the **er/ir** tracks tend to conjugate another. **Hablar** is a regular verb from the **ar** track.

All together: **Hablo → I speak/I talk**.

The below conjugations are shown in four **moods/modos**, the **indicative**, the **conditional** (separated from the **indicative** for clarity), the **subjunctive** and the **imperative**. Within each **mood, tenses/tiempos** are ranked from ↑ **future** to **past** ↓. This temporal ranking is a bit subjective.

¡OJO! A **perfect/perfecto** verb tense refers to a completed action or state. An **imperfect/imperfecto** verb tense refers to a past action or state that was continuing or repeating.

Indicativo/Indicative		Tiempo/Tense - Español/English
Hablaré	I will speak	Futuro/Future
Habré hablado*	I will have spoken	Futuro Perfecto/Future Perfect
Hablo	I speak/I am speaking	Presente/Present
Estoy hablando**	I am speaking	Presente Progresivo/Present Progressive
Estaba hablando	I was speaking	Imperfecto Progresivo/Imperfect Progressive
Hablaba	I was speaking/I used to speak	Imperfecto/Imperfect
He hablado	I have spoken	Pretérito Perfecto/Present Perfect
Hablé	I spoke	Pretérito-Pasado Simple/Preterite-Simple Past
Había hablado	I had spoken	Pluscuamperfecto/Pluperfect

Condicional/Conditional		Tiempo/Tense - Español/English
Hablaría	I would speak	Condicional/Conditional
Habría hablado	I would have spoken	Condicional Perfecto/Conditional Perfect

Subjuntivo/Subjunctive		Tiempo/Tense - Español/English
Ojalá hable	God willing, I speak	Presente/Present
Ojalá haya hablado	God willing, I have spoken	Pretérito Perfecto/Present Perfect
Si hablara	If I spoke	Imperfecto/Imperfect
Si hubiera hablado	If I had spoken	Pluscuamperfecto/Pluperfect

Imperativo/Imperative ¡Hable (usted)!/¡Habla (tú)!/¡Hablá (vos)! → Speak! **Presente/Present**

* **Hablado** is the participio pasado and **spoken/talked** are the past participles of the verb infinitives **hablar** and **to speak/to talk**. A regular participio pasado of Spanish is known by the ending **ado** (ar track verbs) or **ido** (er/ir track verbs). A regular English past participle is known by the ending **ed** (**spoken** is irregular/**talked** is regular).

** **Hablando** is the participio presente and **speaking/talking** are the present participles of the verb infinitives **hablar** and **to speak/to talk**. A regular participio presente (as well as the gerundio) of Spanish is known by the ending **ando** (ar track verbs) or **iendo** (er/ir track verbs). A regular English present participle (as well as the gerund) is known by the ending **ing**.

Como: ¿Cómo se dice **I eat** en español?

Como: **Como** is the present tense **yo/I** conjugation of the verb **comer/to eat**. There are three verb tracks in Spanish, one ending in **ar**, another ending in **er** and a third ending in **ir**. Verbs from the **ar** track tend to conjugate one way, while verbs from the **er/ir** tracks tend to conjugate another. **Comer** is a regular verb from the **er** track.

All together: **Como → I eat**.

The below conjugations are shown in four **moods/modos**, the **indicative**, the **conditional** (separated from the **indicative** for clarity), the **subjunctive** and the **imperative**. Within each **mood, tenses/tiempos** are ranked from ↑ **future** to **past** ↓. This temporal ranking is a bit subjective.

¡OJO! A **perfect/perfecto** verb tense refers to a completed action or state. An **imperfect/imperfecto** verb tense refers to a past action or state that was continuing or repeating.

Indicativo/Indicative		Tiempo - Español/English
Comeré	I will eat	Futuro/Future
Habré comido*	I will have eaten	Futuro Perfecto/Future Perfect
Como	I eat/I am eating	Presente/Present
Estoy comiendo**	I am eating	Presente Progresivo/Present Progressive
Estaba comiendo	I was eating	Imperfecto Progresivo/Imperfect Progressive
Comía	I was eating/I used to eat	Imperfecto/Imperfect
He comido	I have eaten	Pretérito Perfecto/Present Perfect
Comí	I ate	Pretérito-Pasado Simple/Preterite-Simple Past
Había comido	I had eaten	Pluscuamperfecto/Pluperfect

Condicional/Conditional		Tiempo - Español/English
Comería	I would eat	Condicional/Conditional
Habría comido	I would have eaten	Condicional Perfecto/Conditional Perfect

Subjuntivo/Subjunctive		Tiempo - Español/English
Ojalá coma	God willing, I eat	Presente/Present
Ojalá haya comido	God willing, I have eaten	Pretérito Perfecto/Present Perfect
Si comiera	If I ate	Imperfecto/Imperfect
Si hubiera comido	If I had eaten	Pluscuamperfecto/Pluperfect

Imperativo/Imperative   ¡Coma (usted)!/¡Come (tú)!/¡Comé (vos)! → Eat!   **Presente/Present**

* **Comido** is the participio pasado and **eaten** is the past participle of the verb infinitives **comer** and **to eat**. A regular participio pasado of Spanish is known by the ending **ado** (**ar** track verbs) or **ido** (**er/ir** track verbs). A regular English past participle is known by the ending **ed** (**eaten** is irregular).

** **Comiendo** is the participio presente and **eating** is the present participle of the verb infinitives **comer** and **to eat**. A regular participio presente (as well as the gerundio) of Spanish is known by the ending **ando** (**ar** track verbs) or **iendo** (**er/ir** track verbs). A regular English present participle (as well as the gerund) is known by the ending **ing**.

 © D Kirk Boswell   *¿Cómo se dice? 2*

Vivo: ¿Cómo se dice I live en español?

Vivo: Vivo is the present tense **yo/I** conjugation of the verb **vivir/to live**. There are three verb tracks in Spanish, one ending in ar, another ending in er and a third ending in ir. Verbs from the ar track tend to conjugate one way, while verbs from the er/ir tracks tend to conjugate another. **Vivir** is a regular verb from the ir track.

All together: **Vivo → I live**.

The below conjugations are shown in four **moods/modos**, the **indicative**, the **conditional** (separated from the **indicative** for clarity), the **subjunctive** and the **imperative**. Within each **mood, tenses/tiempos** are ranked from ↑ **future** to **past** ↓. This temporal ranking is a bit subjective.

¡OJO! A **perfect/perfecto** verb tense refers to a completed action or state. An **imperfect/imperfecto** verb tense refers to a past action or state that was continuing or repeating.

Indicativo/Indicative		Tiempo - Español/English
Viviré	I will live	Futuro/Future
Habré vivido*	I will have lived	Futuro Perfecto/Future Perfect
Vivo	I live/I am living	Presente/Present
Estoy viviendo**	I am living	Presente Progresivo/Present Progressive
Estaba viviendo	I was living	Imperfecto Progresivo/Imperfect Progressive
Vivía	I was living/I used to live	Imperfecto/Imperfect
He vivido	I have lived	Pretérito Perfecto/Present Perfect
Viví	I lived	Pretérito-Pasado Simple/Preterite-Simple Past
Había vivido	I had lived	Pluscuamperfecto/Pluperfect

Condicional/Conditional		Tiempo - Español/English
Viviría	I would live	Condicional/Conditional
Habría vivido	I would have lived	Condicional Perfecto/Conditional Perfect

Subjuntivo/Subjunctive		Tiempo - Español/English
Ojalá viva	God willing, I live	Presente/Present
Ojalá haya vivido	God willing, I have lived	Pretérito Perfecto/Present Perfect
Si viviera	If I lived	Imperfecto/Imperfect
Si hubiera vivido	If I had lived	Pluscuamperfecto/Pluperfect

Imperativo/Imperative	¡Viva (usted)!/¡Vive (tú)!/¡Vivé (vos)! → Live!	**Presente/Present**

* **Vivido** is the participio pasado and **lived** is the past participle of the verb infinitives **vivir** and **to live**. A regular participio pasado of Spanish is known by the ending ado (ar track verbs) or ido (er/ir track verbs). A regular English past participle is known by the ending ed (**lived** is regular).

** **Viviendo** is the participio presente and **living** is the present participle of the verb infinitives **vivir** and **to live**. A regular participio presente (as well as the gerundio) of Spanish is known by the ending ando (ar track verbs) or iendo (er/ir track verbs). A regular English present participle (as well as the gerund) is known by the ending ing.

Index

A casa, 95
A la luna, 62
A las ocho, 40
A las siete, 39
A Personal, 6, 21, 24, 36, 84, 90, 94, 107, 115, 125
A pie, 53
A qué hora llegas, 96
A qué se dedica, 91
A tiempo, 17
Abecedario, 4, 23, 31
Abrazarse, 20
Acá, 59
Acá mismo, 16
Acababa de comer, 111
Acabar de + infinitivo, 111
Acabo de comer, 111
Acaso, 98
Acento, 23, 48
Acordarse, 84
Acostarme, 58
Acostarse, 9
Acuerdo, 84
Agradable, 97
Agradecer, 114, 115
Agradecido/a, 114
Agradecimiento, 114
Agujerito, 33
Agujero, 33
Ahora, 18
Ahora mismo, 16
Al, 6, 107, 112
Alba, 39
Alegrar, 51
Alegrarse de, 51
Alegría, 51
Alfabeto, 4, 5, 31
Algo, 88, 109
Algo así, 7
Algo más, 7
Almorzar, 82
Almuerzo, 82
Amable, 97
Amanecer, 39
Amar, 124
Amarse, 20
Analista, 15
Ángel/Ángela, 23
Año, 4

Anoche, 21
Anochecer, 40
Años, 25
Anterior, 63
Antes, 67
Apaga las luces, por favor, 78
Apagar, 78
Aparecer, 103, 115
Apretar, 63
Aquí, 59
Aquí mismo, 16
Arroba, 87
Artista, 15
Así, 7, 8
Así que, 9
Asunto, 92
Atardecer, 40
Atención, 3
Ático, 22
Aún, 8
Aun así es mejor que nada, 8
Avergonzar, 68
Avergonzarse, 68
Avión, 83
Azúcar, 122
Bacón, 121
Bajo, 22
Bajo/a, 54
Bandera, 5
Baúl, 83
Beicon, 121
Bésame mucho, 27
Besar, 27
Bien, 56, 124
Bloq Mayús, 23
Boca, 3
Bocadillo, 64
Bolsa, 122
Bolsillo, 33
Bolso de viaje/lona, 83
Bombero/a, 89
Buen viaje, 71
Buena idea, 52
Buscar, 12
Cabeza, 102
Caer bien, 61
Café, 1, 60
Cafetería, 60

CAFETERÍA, 23, 60
Cañón, 4
Cardinal, 54
Cariño, ¿puedes pasear al perro, 6
Cariñoso/a, 6
Casa, 95
Casarse, 20
Castellano, 2
Cayo, 24
Ceja, 3
Cena, 82
Cenar, 82
Cerveza, 31
Cielo, 120
Claro que sí/no, 52
Clima, 26
Colombia, 79, 108
Comer, 127
Cometa, 26
Como, 127
Como bien sabes, te amo, 124
Cómo llego, 53
Cómo se dice, 1
Cómo se escribe España, 43
Como una mula, 106
Compañero/a de clase, 82
Compound Words, 120
Compras, 113
Conducir, 115
Conocer, 19, 21, 115
Conocí a Francisco anoche, 21
Conozco bien Nueva Orleáns, 115
Consonante, 4, 31
Correo electrónico, 87
Creer, 47
Creo que sí/no, 52
Crepúsculo, 39, 40
Crocante, 121
Crujiente, 121
Cuadra, 101
Cuál es tu nombre, 99
Cuál o qué, 99
Cuando estés, 29
Cuándo llegas, 96
Cuando llegues, 29
Cuando puedas, llámame, 29
Cuando quieras, 29
Cuando salgas, 29
Cuando sepas, 29
Cuánto falta, 123

Cuántos años tienes/tenías, 25
Cuestión, 92
Cuestionar, 92
Culpa, 41
Dar, 68
Dar a luz, 28
De, 117
De casa, 95
De compras, 113
De vacaciones, 113
De viaje, 113
De visita, 113
Deber, 41
Decir, 70
Decirse, 1
Dedicarse, 91
Del, 39, 40, 112
Delantero/a, 63
Deletrearse, 43
Demonstrative Pronouns, 46, 47
Deportes, 100
Desaparecer, 115
Desayunar, 82
Desayuno, 82
Descontento, 73
Despacio, 116
Despacito, 116
Después, 93
Destino, 53, 94
Detestarse, 20
Días de la semana, 94
Digo que sí/no, 52
Direct Object Pronouns, 36
Disculpa, 41
Doble mano, 32
Doble ve, 64
Doler, 102
Dolor, 102
Dos monjes fueron rescatados por bomberas, 89
Duda, 98
Dudar, 98
Él, 44
Él es muy simpático, 97
Él es pianista, 15
Él es tan terco, 106
Él es un hombre sencillo, 110
El invierno de nuestro descontento, 73
El que, 47, 49, 50
El sol sale a las siete, 39
El sol se pone a las ocho, 40

El tren llegó a tiempo, 17
Electricidad, 28
Ella, 44
Ella espera pacientemente a su hijo, 90
Ello, 44
Email, 87
En, 118
En bici, 53
En casa, 95
En un rato, 58
Encantado/a, 101
Encantar, 74, 101
Encender/Prender, 77, 78
Enciende las luces, por favor, 77
Encontrarse, 19, 20
Encuentro, 19
Engañoso/a, 119
Equipaje, 83
Equipaje de mano, 83
Equivalentes, 35
Es ahora o nunca, 18
Es importante que estés aquí, 59
Es impresionante, 34
Es perfecto, 69
Es una cuestión de honor, 92
ES Words, 43, 105, 112
Esa, 47
Escribirse, 43
Escuchar, 27
Ese, 47
Eso, 9, 46, 47
Eso, Ese, Esa, Esos, Esas, 46
España, 2, 43
Español/a, 2
Espantoso/a, 26
Esperar, 11, 12, 13, 90
Espiedo, 112
Esquina, 118
Esta, 3
Está bien, 69
Estación, 105
Estaciones, 73
Estar, 59, 76
Este, 3
Estés, 59
Esto, 3
Esto, Este, Esta, Estos, Estas, 46
Estoy agradecido, 114
Estoy de acuerdo, 84
Estoy de vacaciones, 113
Estoy ocupado, 76
Exclamatory Adjectives, 42
Exclamatory Adverbs, 42
Éxito, 119
Exitoso/a, 119
Extrañar, 24
Falta, 122
Faltar, 122, 123
Fantasma, 26
FARMACIA, 23
FERRETERÍA, 23
Ferry, 24
Fin de semana, 48, 74
Fin y Final, 74
Final y Fin, 74
Finde, 48, 74
Formulario, 81
Fracaso, 119
Futbolista, 15
Future Tense, 80
Go-Go Verbs, 66, 67, 70
Gracias por venir, 125
Gratitud, 114
Guionista, 15
Gustar, 100, 101, 102
Hablar, 2, 116, 126
Hablo, 126
Hablo español, 2
Hace dos horas, 37
Hacer, 37, 48, 88
Hacer falta, 122
Hasta luego, 93
Hasta pronto, 93
Hay un ratón en el rincón, 118
Helado, 100
Himno, 5
Honestamente, 106
Honor, 92
Hora, 25, 96
How to Make a Spanish Adverb from an Adjective, 106
Hoy, 19
Hoyo, 33
Hueco, 33
Idioma, 2, 26
Imperative, 27, 29, 32, 56, 77, 78, 117
Imperfect, 25, 111
Impersonal Opinion, 59
Impersonal Se, 1, 43
Importante, 59

Importar, 104
Impresionante, 34
Incluso, 8
Indicaciones, 53
Indígena, 79
Indirect Object Pronouns, 36, 61, 68, 100, 101, 102, 103, 104
Inferior, 63
Infierno, 73
Informe, 81
Inteligente, 75
Inteligentemente, 106
Interrogative Adjectives, 96
Interrogative Adverbs, 1, 43, 53
Interrogative Pronouns, 3, 44, 46, 48, 49, 91, 99, 107, 123
Invierno, 73
Ir, 13, 109
ISTA Nouns, 15
JOYERÍA, 23
Jugo de pomelo, 45
Justamente, 106
Justo a tiempo, 17
La, 36, 62
La camisa roja es la que quiero, 50
La parte inferior de la pantalla, 63
La pasada semana, 108
La próxima semana, 108
La que, 47, 49, 50
La semana pasada, 108
La semana próxima, 108
La semana que viene, 108
Le, 36
Leer, 81
Leí el informe y llené el formulario, 81
Lengua, 2
Lenguaje, 2
Letra, 4, 5, 31
Llámame, 29
Llamar, 27, 29, 67
Llegar, 17, 37, 53, 94, 96
Llego el miércoles, 94
Llegué hace dos horas, 37
Llenar, 81
Llevar, 98, 109
Llevo un paraguas por las dudas, 98
Lo, 36
Lo que, 38, 47, 49, 50
Lo que sea, 38
Luces, 77, 78
Luego, 93
Lugar de destino, 53
Luna, 62
Luz, 28, 32, 77, 78
Madrugada, 39, 40
Maleta, 83
Maletín, 83
Mañana, 11, 65
Mano, 32
Manzana, 101
Mapa, 26
MaPaTa Nouns, 26
Más, 18
Más despacio, 116
Más tarde, 80, 93
Mayúscula, 23
Me alegro de verte, 51
Me cae bien Diego, 61
Me da vergüenza, 68
Me debes una disculpa, 41
Me duele la cabeza, 102
Me encantan las manzanas, 101
Me encantó el final de la película, 74
Me encuentro con Alejandro hoy, 19
Me gusta el helado, 100
Me mudo a una casa nueva mañana, 65
Me parece bien, 103
Mejor, 8
Miércoles, 94
Minúscula, 23
Mismo, 16
Mismo/a, 22
Mochila, 83
Monja, 89
Monje, 89
Mover, 65
Mucho, 27
Mudarse, 65
Nacer, 28
Nacimiento, 28
Nacional, 5
Nada, 8
Nada más, 7
Nariz, 3
Necesitar, 87
Necesito revisar el email, 87
Ññ, 4, 23
No es tu culpa, 41
No hace falta, 122
No importa, 104

No me acuerdo, 84
No me importa, 104
No pude llamarte antes, 67
No recuerdo, 84
No te preocupes, 117
No tienes la culpa, 41
No vale la pena, 72
Nos vemos, 20
Nouns ending in ISTA, 15
Nouns ending in RÍA, 23
Nuestro/a, 73
Nueva Orleáns, 115
Nunca, 18, 70
Nunca quise decir eso, 70
Obedecer, 115
Object of a Preposition, 61
Obstinadamente, 106
Ocupado/a, 76
Ocupar, 76
Oigo voces, 55
Oír, 55
Ojo, 3
OJO, 3
Ordinal, 54
Otoño, 73
Paciencia, 90
Paciente, 90
Pacientemente, 90
País, 2
PANADERÍA, 23
Panceta, 121
Panorama, 26
Pantalla, 63
Paraguas, 98
Parece bien, 103
Parecer, 103, 115
Parpadear, 3
Párpado, 3
Parte, 63
Pasado mañana, 11
Pasado/a, 108
Pasar, 80
Pasaré por tu casa más tarde, 80
Pasear, 6
Passive Voice, 89
Pedir, 12
Pena, 72
Penar, 72
Pensar, 52
Perder, 24

Perdí el vuelo, 24
Perdido, 24
Perdido/a, 24
Perezosamente, 106
Perfecto/a, 69
Periodista, 15
Perro/a, 6
Persona, 26, 119
Personal A, 6, 21, 24, 36, 84, 90, 94, 107, 115, 125
Pestaña, 3
Pianista, 15
Piensas que es una buena idea, 52
Pienso que sí/no, 52
Piso, 54
Poder, 6, 29, 67, 88, 109, 116
POLICÍA, 23
Pollo al espiedo, 112
Pollo al spiedo, 112
Pomelo, 45
Ponerse, 40
Por, 117
Por eso, 9
Por las dudas, 98
Por mano, 32
Por si acaso, 98
Por supuesto que sí/no, 52
Por venir, 125
Portarse, 56
Portate bien, 56
Posterior, 63
Postre, 85
Pozo, 33
Pregunta, 88, 92
Preguntar, 88, 92
Prender/Encender, 77, 78
Preocupación, 76
Preocupado/a, 76
Preocupar, 76, 117
Preocuparse, 117
Prepositional Phrase, 62
Primavera, 73
Probar, 85
Probarse, 85, 86
Problema, 26
Producir, 115
Programa, 26
Pronto, 93
Próximo/a, 108
Publicista, 15
Pude, 67

Puedas, 29
Puedes hablar más despacio, 116
Puedo hacerte una pregunta, 88
Puedo llevar algo, 109
Puedo preguntarte algo, 88
Puesta del sol, 40
Punta de partida, 53
Pupila, 3
Que, 49, 50, 57
Qué, 49, 91
Qué es, 44
Qué es eso, 46
Qué es esto, 3
Qué es la a personal, 107
Qué haces este finde, 48
Qué hora es/era, 25
Qué más, 7
Que no, 52
Qué o cuál, 99
Qué quiere decir, 99
Que sí, 52
Qué significa, 99
Qué sorpresa, 42
Que tengas un buen viaje, 71
Querer, 85, 86
Querer decir, 70
Quiero el tocino crocante, 121
Quiero lo que quieres, 49
Quiero probar ese postre, 85
Quiero probarme la camisa blanca, 86
Rascacielos, 120
Rascar, 120
Rata, 58, 118
Ratito, 58
Rato, 58
Ratón, 58, 118
Recibo, 122
Reciprocal Verbs, 20
Recordar, 84
Red social, 30
Reflexive Pronouns, 91
Reflexive Verbs, 20
Reino, 2
Relative Pronouns, 38, 47, 49, 50
Rescatado/a, 89
Rescatar, 89
Revisar, 87
RÍA Nouns, 23, 60
RID Rule, 36
Rincón, 118

Ruta, 53
Saber, 21, 85, 124
Sabiamente, 106
Sabor, 85
Saldar, 10
Saldo y sueldo, 10
Salida del sol, 39
Salir, 39
Sándwich, 64
Se dice, 1
Se la, 36
Se lo, 36
Sea lo que sea, 38
Seas, 59
Semáforo, 32
Semana, 108
Señal, 32
Sencillez, 110
Sencillo/a, 110
Señor, 4
Ser, 18, 44, 69, 106
Seriamente, 106
Sílaba, 23
Simpático/a, 97
Simple, 110
Simplicidad, 110
Sin duda, 98
Social, 30
Sol, 39, 40
Sorpresa, 42
Soy muy inteligente, 75
Spiedo, 112
Subjunctive, 29, 59, 71
Sueldo y saldo, 10
Superior, 63
Supongo que sí/no, 52
También, 14
Tampoco, 14
Tan, 106
Tarde, 80, 93
Te debo una disculpa, 41
Te esperaré, 12
Te espero mañana, 11
Techar, 22
Techo, 22
Tecla, 23
Teclado, 23
Tema, 26
Temporada, 73
Tener, 25, 33, 71

Tengas, 71
Tengo dolor de cabeza, 102
Tengo un agujero en el bolsillo, 33
Tenía veintinueve años, 25
Tercamente, 106
Terco/a, 106
Tiempo, 17, 37, 123
Tilde, 23, 48
Tímidamente, 106
Tocineta, 121
Tocino, 121
Todavía, 8
Toronja, 45
Trabalenguas, 120
Traducir, 115
Traer, 109
Trasero/a, 63
Tren, 17
Un fantasma espantoso, 26
Una mano, 32
Uve doble, 64
Vacaciones, 113
Vale la pena, 72
Valer, 72
Valientemente, 106
Valija, 83
Vender, 36
Venderé, 36
Venir, 66, 108, 109, 125
Verano, 73
Verb Conjugation Table/Comer, 127
Verb Conjugation Table/Hablar, 126
Verb Conjugation Table/Vivir, 128
Vergüenza, 68
Verse, 20
Vestirse, 20
Viajar, 71
Viaje, 71, 113
Vino con vino, 66
Visita, 113
Vivimos bajo el mismo techo, 22
Vivir, 22, 128
Vivo, 128
Vivo en la planta baja, 54
Vocabulary Builder, 15, 30, 45, 60, 75, 90, 105, 106, 120
Vocal, 31
Vocales y consonantes, 4
Voces, 55
Volar, 24
Voy a almorzar con mis compañeros de clase, 82
Voy a casa, 95
Voy a esperarte, 13
Voz, 55
Voz Pasiva, 89
Vuelo, 24
W, 64
Whisky, 57
Words containing W, 64
Words containing Z, 31
Words ending in AL, 30
Words ending in RÍA, 60
Ya que, 57
Yo no creo eso, 47
Yo también, 14
Yo tampoco, 14
Z to C, 55
Zeta, 31